Wissenschaftliche Beiträge
aus dem Tectum Verlag

Reihe Rechtswissenschaft

AF905913

Wissenschaftliche Beiträge aus dem Tectum Verlag

Reihe Rechtswissenschaft
Band 251

Daniel R. Kälberer

Kontroll- und Verifikationsmöglichkeiten der Finanzverwaltung im Zeichen der Digitalisierung

Tectum Verlag

Daniel R. Kälberer
Kontroll- und Verifikationsmöglichkeiten der Finanzverwaltung
im Zeichen der Digitalisierung

Wissenschaftliche Beiträge aus dem Tectum Verlag
Reihe: Rechtswissenschaft; Bd. 251

© Tectum – ein Verlag in der Nomos Verlagsgesellschaft, Baden-Baden 2025
ISBN 978-3-68900-279-4
ePDF 978-3-68900-280-0
ISSN 1861-7875

Gesamtverantwortung für Druck und Herstellung:
Nomos Verlagsgesellschaft mbH & Co. KG
Printed in Germany

Alle Rechte vorbehalten

Besuchen Sie uns im Internet
www.tectum-verlag.de

Bibliografische Informationen der Deutschen Nationalbibliothek
Die Deutsche Nationalbibliothek verzeichnet diese Publikation
in der Deutschen Nationalbibliografie; detaillierte bibliografische
Angaben sind im Internet über http://dnb.d-nb.de abrufbar.

Vorwort

Mit disruptiv wirkenden Innovationen wie der Blockchain-Technologie, der Industrie 4.0 und dem Übergang zur Dienstleistungsgesellschaft nimmt die Bedeutung von Algorithmen und Daten stetig zu. So hat die Digitalisierung gänzlich neue Wirtschaftszweige hervorgebracht, deren Geschäftsmodelle eng mit dem Internet verbunden sind und darauf beruhen, Tätigkeiten aus der Ferne mit beschränkter oder ohne physische Präsenz auszuüben. Da über Plattformen getätigte Transaktionen jedoch nicht nur eine Wettbewerbsverzerrung im Endkundengeschäft hervorrufen, sondern auch die Durchsetzung des staatlichen Steueranspruchs nicht immer gewährleistet wird, wird der Steuervollzug Zunehmens über steuerrechtliche Mitwirkungspflichten sichergestellt. Der Gleichheitssatz verlangt jedoch, dass die Steuerpflichtigen durch etwaige Steuergesetze rechtlich und vor allem tatsächlich gleich belastet werden. Werden nun nationale sowie international begründete Mitwirkungspflichten – bspw. in Gestalt des Plattformen-Steuertransparenzgesetzes vom 20.12.2022 (BGBl. I 2022, S. 2730), des sektoralen Country-by-Country-Reporting (CbCR) oder der Global Reporting Initiative (GRI) initiiert – entsteht eine überbordende Verwaltungslast der Besteuerung, die nicht zuletzt als strukturelles Misstrauen zu interpretieren ist. Vor diesem Hintergrund soll im Weiteren der Frage nachgegangen werden, welche steuerrechtlichen Mitwirkungspflichten im Kontext einer digitalisierten Wirtschaft bestehen und inwieweit sie die grundrechtlichen Freiheiten begrenzen. Die Ausführungen sollen zugleich zum Anlass genommen werden, eine dringend erforderliche Vereinfachung des (materiellen) Steuerrechts zu betonen und gleichzeitig Antworten dahingehend liefern, inwieweit das

Übermaßverbot für Verwaltungslasten in den Dienst der Steuergleichheit gerückt werden kann.
Die vorliegende Abhandlung wurde als Masterarbeit zur Erlangung des akademischen Grades „Master of Laws" (LL.M.) im Masterprogramm LL.M. Digital Business & Tech Law Executive Education MCI – Die Unternehmerische Hochschule im Jahr 2024 eingereicht. Die Druckfassung wurde leicht überarbeitet und um aktuelle Literatur zum Stand 20. Januar 2025 ergänzt. Für die Aufnahme in die rechtswissenschaftliche Schriftenreihe des Tectum Verlags sei Frau *Mareike Wagner* und Herrn *Dr. Matthias Knopik* gedankt.

Hattenhofen, im Januar 2025 Prof. Dr. Daniel R. Kälberer, LL.M.

Inhaltsverzeichnis

Abkürzungsverzeichnis

A

Abl. EU	Amtsblatt der Europäischen Union
Abs.	Absatz
AEAO	Anwendungserlass zur Abgabenordnung
AGVO	Allgemeine Gruppenfreistellungsverordnung
Anm. d. Verf.	Anmerkung des Verfassers
Art.	Artikel
Aufl.	Auflage
AO	Abgabenordnung
AOStB	AO-Steuerberater (Zeitschrift)

B

BauR	Baurecht (Zeitschrift)
BB	Betriebs-Berater (Zeitschrift)
BC	Zeitschrift für Bilanzierung, Rechnungswesen und Controlling (Zeitschrift)
Bd.	Band
BEPS	Base Erosion and Profit Shifting
BFH	Bundesfinanzhof
BFuP	Betriebswirtschaftliche Forschung und Praxis (Zeitschrift)
BGB	Bürgerliches Gesetzbuch
BGBl.	Bundesgesetzblatt
BHO	Bundeshaushaltsordnung
BMF	Bundesministerium der Finanzen
BMJ	Bundesministerium der Justiz
BT-Drucks.	Bundestagsdrucksache
bspw.	beispielsweise
BStBl.	Bundessteuerblatt

Buchst.	Buchstabe
BVerwG	Bundesverwaltungsgericht
BVerfG	Bundesverfassungsgericht
BVerfGE	Sammlung der Entscheidungen des BVerfG
BZSt	Bundeszentralamt für Steuern
bzw.	beziehungsweise
B2B	Business-to-Business
B2C	Business-to-Consumer

C

CB	Compliance Berater (Zeitschrift)
CbCR	Country-by-Country-Reporting
CCZ	Corporate Compliance (Zeitschrift)
C2B	Consumer-to-Business
C2C	Consumer-to-Consumer

D

DAC	Directive on Administrative Cooperation
DB	Der Betrieb (Zeitschrift)
ders.	derselbe
d. h.	das heißt
DS-GVO	Datenschutz-Grundverordnung
DStJG	Deutsche Steuerjuristische Gesellschaft e.V.
DStR	Deutsches Steuerrecht (Zeitschrift)
DStZ	Deutsche Steuer-Zeitung (Zeitschrift)
DVBl.	Deutsches Verwaltungsblatt (Zeitschrift)

E

ESG	Zeitschrift für nachhaltige Unternehmensführung (Zeitschrift)
EStG	Einkommensteuergesetz
et al.	et alii (und andere)
etc.	et cetera
EU	Europäische Union
EuGH	Europäischer Gerichtshof
EuGRCh	Charta der Grundrechte der Europäischen Union

EuZW	Europäische Zeitschrift für Wirtschaftsrecht (Zeitschrift)
e.V.	eingetragener Verein

F

f.	folgende
ff.	fortfolgende
FG	Finanzgericht
FGO	Finanzgerichtsordnung
FKAustG	Gesetz zum automatischen Austausch von Informationen über Finanzkonten in Steuersachen (Finanzkonten-Informationsaustauschgesetz)
Fn.	Fußnote
FR	Finanz-Rundschau (Zeitschrift)

G

GG	Grundgesetz
GGO	Gemeinsame Geschäftsordnung der Bundesministerien
GMBl	Gemeinsames Ministerialblatt
GRUR	Gewerblicher Rechtsschutz und Urheberrecht (Zeitschrift)
ggf.	gegebenenfalls
gem.	gemäß
GRI	Global Reporting Initiative
GWG	Gesetz über das Aufspüren von Gewinnen aus schweren Straftaten (Geldwäschegesetz)

H

HGrG	Gesetz über die Grundsätze des Haushaltsrechts des Bundes und der Länder (Haushaltsgrundsätzegesetz)
Hrsg.	Herausgeber
Hs.	Halbsatz

I

IFG	Gesetz zur Regelung des Zugangs zu Informationen des Bundes (Informationsfreiheitsgesetz)
ifst	Institut Finanzen und Steuern e.V.
i. S. d.	im Sinne des / im Sinne der / im Sinne dieser
i. S. v.	im Sinne von

IStR	Internationales Steuerrecht (Zeitschrift)
i. V. m.	in Verbindung mit
IWB	NWB Internationales Steuer- und Wirtschaftsrecht (Zeitschrift)
IWRZ	Zeitschrift für Internationales Wirtschaftsrecht (Zeitschrift)

J

JURA	Juristische Ausbildung (Zeitschrift)
JuS	Juristische Schulung (Zeitschrift)
JZ	JuristenZeitung (Zeitschrift)

K

Kap.	Kapitel
KI	Künstliche Intelligenz
KIR	Künstliche Intelligenz und Recht (Zeitschrift)
KlimR	Klima und Recht (Zeitschrift)
K&R	Kommunikation und Recht (Zeitschrift)

M

MCAA-CRS	Multilateral Competent Authority Agreement on Automatic Exchange of Financial Account Information
MMR	Zeitschrift für IT-Recht und Recht der Digitalisierung (Zeitschrift)
m. w. N.	mit weiteren Nennungen
MwStR	Mehrwertsteuerrecht (Zeitschrift)

N

NJW	Neue Juristische Wochenschrift (Zeitschrift)
Nr.	Nummer
NVwZ	Neue Zeitschrift für Verwaltungsrecht (Zeitschrift)
NVwZ-RR	Neue Zeitschrift für Verwaltungsrecht Rechtsprechungs-Report (Zeitschrift)
NWB	NWB Steuer- und Wirtschaftsrecht (Zeitschrift)
NWB-BB	NWB Betriebswirtschaftliche Beratung (Zeitschrift)
NZG	Neue Zeitschrift für Gesellschaftsrecht (Zeitschrift)
NZM	Neue Zeitschrift für Miet- und Wohnungsrecht (Zeitschrift)

O

OECD	Organisation for Economic Co-operation and Development

P

PStTG	Gesetz über die Meldepflicht und den automatischen Austausch von Informationen meldender Plattformbetreiber in Steuersachen (Plattformen-Steuertransparenzgesetz)

R

RDi	Recht Digital (Zeitschrift)
RET	Rethinking Tax (Zeitschrift)
Rn.	Randnummer

S

S	Satz, Seite
sog.	sogenannte / sogenanntes / sogenannter
StuB	NWB Unternehmensteuern und Bilanzen (Zeitschrift)
StuW	Steuer und Wirtschaft (Zeitschrift)

T

Tz.	Textziffer

U

u. a.	unter anderem
Ubg	Die Unternehmensbesteuerung (Zeitschrift)
UStG	Umsatzsteuergesetz

V

v.	vom
VVDStRL	Veröffentlichungen der Vereinigung der Deutschen Staatsrechtslehrer
vgl.	Vergleiche

W

WPg	Die Wirtschaftsprüfung (Zeitschrift)

Z

z. B.	zum Beispiel
ZfbF	Schmalenbachs Zeitschrift für betriebswirtschaftliche Forschung (Zeitschrift)
ZfPW	Zeitschrift für die gesamte Privatrechtswissenschaft (Zeitschrift)
ZUR	Zeitschrift für Umweltrecht (Zeitschrift)
ZVertriebsR	Zeitschrift für Vertriebsrecht (Zeitschrift)
zzgl.	zuzüglich
ZZP	Zeitschrift für Zivilprozess (Zeitschrift)

Symbolverzeichnis

§	Paragraph
&	und

1 Einleitung

1.1 Monetäre Lebensader des verfassungsgebundenen Steuerstaats[1]

Mit der Erhebung von Steuern verfolgt der Staat das Ziel der Einnahmenerzielung.[2] Die Steuer wird als eine einmalige oder laufende Geldleistung, von einem öffentlich-rechtlichen Gemeinwesen, zur Deckung des allgemeinen Finanzbedarfs, auferlegt.[3] Der Steueranspruch ist damit im Wesentlichen auf eine Geldleistung gerichtet, die einfachgesetzlich nach § 3 Abs. 1 der Abgabenordnung (AO) und verfassungsrechtlich als Geldleistung zu qualifizieren ist.[4] Man mag deshalb von der monetären Lebensader als Existenzgrundlage des verfassungsgebundenen Steuerstaates sprechen, dessen Aufgabenzuordnung unter dem

1 Aus Gründen der besseren Lesbarkeit verwendet der nachfolgende Text das generische Maskulinum; Aussagen zur geschlechtlichen Identität sind damit weder verbunden noch beabsichtigt.

2 Vgl. *Kälberer*, Steuerliche Förderung der Energieeffizienz in Deutschland, 2019, S. 1; *Kälberer*, StuW 2020, S. 91; sowie im Einzelnen *Kraft/Kraft*, Grundlagen der Unternehmensbesteuerung, 5. Aufl. 2018, S. 1; *Kußmaul*, Betriebswirtschaftliche Steuerlehre, 7. Aufl. 2014, S. 244; *Lang*, Entwurf eines Steuergesetzbuchs, 1993, S. 25 Rn. 88; *Vogel*, Die Einflussnahme steuerlicher Lenkungsnormen auf Entscheidungen von Wirtschaftssubjekten, 2015, S. 1; *Weber-Grellet*, DStR 2018, S. 1399 f. Vgl. dazu auch *Gölz-Kälberer/Kälberer*, Besteuerung der Einkünfte aus nichtselbstständiger Arbeit, 2021, S. 11.

3 So § 3 Abs. 1 Hs. 1 AO und dazu mithin *Gersch* in Klein, AO, 18. Aufl. 2024, Rn. 1 ff. zu § 3 AO sowie *Koenig* in Koenig, AO, 5. Aufl. 2024, Rn. 1 ff. zu § 3 AO.

4 Vgl. BVerfG v. 27.06.1991 – 2 BvR 1493/89, BVerfGE 84, S. 239; *Palm* in Desens, Transparente Besteuerung und Steuersubjektivität, DStJG 46/2024, S. 55; *Valta*, Das Internationale Steuerrecht zwischen Effizienz, Gerechtigkeit und Entwicklungshilfe, 2014, S. 18.

Grundgesetz vom Freiheitsprinzip getragen wird.[5] Für Staat, Gesellschaft und Bürger ist das Steuerrecht insoweit von größter praktischer Relevanz.[6] Wohl in keinem anderen Rechtsgebiet begegnen wir dem Staat häufiger als im Steuerrecht. Bereits mit unserer Geburt treten wir in ein Steuerrechtsverhältnis ein und bekommen eine Steueridentifikationsnummer zugewiesen (§ 139a AO). Mit Eintritt ins Erwerbsleben verdichtet sich dieses Rechtsverhältnis zu einem Schuldverhältnis, welches fortan prägend auf unser jeweiliges Handeln einwirkt.[7]
Die Steuerschuldnerschaft bestimmt sich im Weiteren nach § 43 Satz 1 AO, wenngleich das öffentliche Recht keine Antwort dazu liefern vermag, wer überhaupt als Steuerschuldner in Betracht kommt. Schließlich bestimmt es auch keinen „eigenständigen Begriff der Vermögensrechtsfähigkeit", sondern entlehnt sich hierfür dem privatrechtlichen Verständnis.[8] In der Folge wird zur Erfüllung der steuerlichen Pflichten die Vermögensrechtsfähigkeit vorausgesetzt, wenngleich ein Steuersubjekt nicht notwendigerweise vermögensrechtsfähig zu sein hat[9] – zweifelsohne ließe sich die Steuerschuld „auch über die Haftung von Privatrechtssubjekten realisieren."[10]

---

5 Vgl. *Kirchhof, G.* in Herrmann/Heuer/Raupach, EStG, EL 297, April 2020, Einführung EStG Rn. 100; *Kube* in Mellinghoff, Steuern im Sozialstaat, DStJG 29/2006, S. 13 – der moderne Staat ist Steuerstaat, so *Thiel*, Der gefräßige Leviathan, 2019, S. 99. Beachte zudem *Enders*, Fiskalzwecke im Steuerverfassungsrecht, 2024, S. 1 ff.

6 Vgl. *Tipke*, JZ 1975, S. 558 und dazu zugleich *Gölz-Kälberer/Kälberer*, Besteuerung der Einkünfte aus nichtselbstständiger Arbeit, 2021, S. 1.

7 Vgl. *Gölz-Kälberer/Kälberer*, Besteuerung der Einkünfte aus nichtselbstständiger Arbeit, 2021, S. 1; *Seer* in Tipke/Lang, Steuerrecht, 25. Aufl. 2024, S. 1 Rn. 1.1.

8 Vgl. *Blumenstein* in Teschemacher, Beiträge zur Finanzwissenschaft, Bd. 2, 1928, S. 9; *Palm* in Desens, Transparente Besteuerung und Steuersubjektivität, DStJG 46/2024, S. 55 (auch direktes Zitat). Vgl. dazu auch *Blischke*, Die Mitunternehmerschaft im Einkommensteuerrecht, 2020, S. 17 f. und S. 159.

9 Vgl. *Palm*, Person im Ertragsteuerrecht, 2013, S. 485 f.; *Palm* in Desens, Transparente Besteuerung und Steuersubjektivität, DStJG 46/2024, S. 55; *Schneider*, StuW 1975, S. 100; *Schön*, StuW 2005, S. 249.

10 Vgl. *Palm* in Desens, Transparente Besteuerung und Steuersubjektivität, DStJG 46/2024, S. 55 (auch direktes Zitat). Vgl. dazu auch *Hahn*, Die Grundsätze der Gesetzmäßigkeit der Besteuerung und der Tatbestandsmäßigkeit der Besteuerung in rechtsvergleichender Sicht, 1984, S. 131.

Stellt man indes auf den Kerngedanken des Leistungsfähigkeitsprinzips ab, so wird die Vermögensrechtsfähigkeit zur notwendigen Voraussetzung eines Subjektes der Leistungsfähigkeit. Schließlich kann ein Vermögenszuwachs nur dort eintreten, wo die Vermögensrechtsfähigkeit erfüllt ist; das Innehaben von Vermögen, die Erzielung von Umsatz und der Erwerb wäre ansonsten ausgeschlossen.[11] Bezugspunkt von Steuergerechtigkeit[12], Steuergleichheit und Leistungsfähigkeit ist die natürliche Person, die zum originären Subjekt der Leistungsfähigkeit wird.[13] Vor diesem Hintergrund ist auch strikt zwischen Unternehmen und Unternehmensträger zu trennen, da nur der Unternehmensträger leistungsfähig sein kann, wohingegen das Unternehmen lediglich ertragsfähig ist.[14] Des Weiteren manifestieren sich die Erfordernisse der privatrechtlichen Handlungsfähigkeit in der Erfüllung steuerlicher Pflichten, weshalb festzuhalten ist, dass nur ein Privatrechtssubjekt, welches rechts- und handlungsfähig ist, auch objektiv leistungsfähig sein kann.[15] Ergänzung findet dieser Befund mit der Frage nach dem Selbstzweck, der zur Prämisse eines originären Subjekts der Leistungsfähigkeit wird, da andernfalls weder die Steuerfreiheit des Existenz-

---

11 Vgl. *Englisch*, Dividendenbesteuerung 2005, S. 116; *Hennrichs*, StuW 2002, S. 208, *Palm*, Person im Ertragsteuerrecht, 2013, S. 486 f.; *Palm* in Desens, Transparente Besteuerung und Steuersubjektivität, DStJG 46/2024, S. 55.

12 Zur Steuergerechtigkeitsdiskussion vgl. etwa *Anzinger*, StuW 2022, S. 300 ff.; *Essers*, StuW 2022, S. 325 ff.; *Hongler*, StuW 2022, S. 329 ff.; *Horstmann*, DStR 2023, S. 481 ff.; *Osterloh-Konrad*, StuW 2022, S. 311 ff.; *Kube*, StuW 2022, S. 317 ff.; *Marquardsen*, StuW 2022, S. 293 ff.; *Wernsmann*, StuW 2022, S. 280 ff. Zur Besteuerung des kommerzialisierbaren Teils des Namensrechts von Influencern; mithin unter dem Aspekt der Steuergerechtigkeit und in einen Diskurs tretend: *Atilgan*, DStR 2023, S. 2425 ff.; *Heine/Trinks*, beck.digitax 2024, S. 234 f.; *Hemmerich/Günther*, DStR 2021, S. 2321 ff.; *Klenk/Labus/Lindner/Orth*, DStR 2023, S. 7 ff.; *Klenk/Labus/Lindner/Orth*, DStR 2024, S. 278 ff.; *Münzenhofer/Reinwald*, beck.digitax 2024, S. 90 f.; *Sixt*, StuB 2023, S. 80 ff. sowie grundlegend BFH v. 12.06.2019 – X R 20/17, BStBl. II 2020, S. 3 ff.

13 Vgl. *Palm* in Desens, Transparente Besteuerung und Steuersubjektivität, DStJG 46/2024, S. 54 m. w. N.

14 Vgl. *Palm* in Desens, Transparente Besteuerung und Steuersubjektivität, DStJG 46/2024, S. 55 f. und dazu BVerfG v. 29.03.2017 – 2 BvL 6/11, BStBl. II 2017, S. 1096.

15 Vgl. *Palm* in Desens, Transparente Besteuerung und Steuersubjektivität, DStJG 46/2024, S. 56. Vgl. hierzu auch *Palm*, Person im Ertragsteuerrecht, 2013, S. 490 ff.

minimums[16], noch der progressive Einkommensteuertarif zu erklären wären.[17] Oder anders formuliert: „Hat das Privatrechtssubjekt einen Selbstzweck, ist es als Zurechnungsendpunkt steuerverfassungsrechtlicher Leistungsfähigkeit einzuordnen", was für die natürliche Person – aus ökonomischer, dogmatischer und verfassungsrechtlicher Sicht – im Grunde eine Selbstverständlichkeit ist.[18] Im Ergebnis nimmt der verfassungsgebundene Steuerstaat Anteil am Erfolg privaten Wirtschaftens und hat hierfür gesamtwirtschaftliche Konjunkturschwankungen ebenso zu berücksichtigen, wie auch wechselnde innere Zeitbezüge der anzusprechenden Besteuerungsgrundlagen.[19]

1.2 Digitalisierung, Steuerrechtsverhältnis und verfassungsrechtliche Erfordernisse

„Einnahmen, Aufgaben und Ausgaben sind im Steuerstaat wegen ihrer komplementären Funktionen vielfach eng miteinander verknüpft."[20] Indem Preise beeinflusst und Gewinne abgeschöpft werden, entfaltet der steuerliche Eingriff eine regulierende Wirkung.[21] Steuern greifen in

16 Das steuerrechtliche Existenzminimum wird nach Art. 1 Abs. 1 GG i. V. m. Art. 20 Abs. 1 GG, Art. 3 Abs. 1 GG und Art. 6 Abs. 1 GG garantiert.

17 Vgl. *Palm* in Desens, Transparente Besteuerung und Steuersubjektivität, DStJG 46/2024, S. 66 f.

18 Vgl. *Palm* in Desens, Transparente Besteuerung und Steuersubjektivität, DStJG 46/2024, S. 66 f. (auch direktes Zitat), der zugleich hervorhebt, dass diese Qualifikation für die natürliche Person – aus ökonomischer, dogmatischer und verfassungsrechtlicher Sicht – im Grunde eine Selbstverständlichkeit ist. Für die juristische Person gestaltet sich diese Einordnung weniger eindeutig, wobei lediglich die „eigentlichen" juristischen Personen, die ein transpersonales Substrat aufweisen, als Zurechnungsendpunkt infrage kommen (*ders.*, S. 67 ff.). Zur Steuersubjektivität bei Organschaft und Mehrwertsteuergruppen vgl. *Ehrke-Rabel* in Desens, Transparente Besteuerung und Steuersubjektivität, DStJG 46/2024, S. 333 ff.

19 Vgl. *Seiler*, DStR 2023, S. 369.

20 *Enders*, Fiskalzwecke im Steuerverfassungsrecht, 2024, S. 36 sowie den Gesamtzusammenhang des Einnahmen-, Aufgaben- und Ausgabenrechts aufzeigend: *Kube*, Finanzgewalt in der Kompetenzordnung, 2004, S. 1 ff.

21 Vgl. *Gölz-Kälberer/Kälberer*, Besteuerung der Einkünfte aus nichtselbstständiger Arbeit, 2021, S. 1; *Hey* in Sieker, Steuerrecht und Wirtschaftspolitik, DStJG 39/2016, S. 12; *Körösi/Maiterth*, StuW 2022, S. 349 f.

die Vermögenssphäre des Einzelnen ein und sind neben ihrer Funktion als Finanzierungsinstrumente stets auch Machtinstrumente zur Beeinflussung des Verhaltens der Steuerpflichtigen.[22] Steuerrecht ist schließlich Eingriffsrecht, weshalb der AO auch „das klassische Konzept einseitig-hoheitlichen Handelns" zugrunde liegt.[23] Für die Legitimation der Steuer als Gemeinlast ist jedoch in erster Linie auf eine gleichmäßige Verwirklichung des Steueranspruchs abzustellen.[24] Zugleich ist eine Zweckbindung des Steueraufkommens zur Begleichung bestimmter Staatsausgaben, insbesondere aus haushaltsrechtlicher Sicht, nur eingeschränkt möglich; dies ergibt sich aus dem Grundsatz der Gesamtdeckung (Non-Affektationsprinzip).[25] Sämtliche Einnahmen dienen unterschiedslos der Deckung der im Haushaltsplan ausgewiesenen Ausgaben, was sich einfachgesetzlich aus § 7 Satz 1 des Haushaltsgrundsät-

22 Vgl. *Birk*, Finanzierungszwecke und Lenkungszwecke in einem verfassungsmäßigen Steuersystem, 2001, S. 67; *Kälberer*, Steuerliche Förderung der Energieeffizienz in Deutschland, 2019, S. 87.

23 Vgl. *Musil* in Schön/Röder, Zukunftsfragen des Steuerrechts II, 2014, S. 130; *Thiemann*, StuW 2019, S. 300 (auch direktes Zitat). Werden die Folgen der Besteuerung indes „falsch wahrgenommen, kann dies nicht nur zur Verzerrung ökonomischer Entscheidungen führen, sondern auch das Wahlverhalten der Betroffenen beeinflussen." *Körösi/Maiterth*, StuW 2022, S. 349. Gleichzeitig finden unterschiedliche gesellschaftliche Präferenzen in unterschiedlichen redistributiven Politiken ihren Niederschlag, vgl. *Almås/Cappelen/Tungodden*, Journal of Political Economy 2020, S. 1753 ff. (im Ländervergleich USA und Norwegen).

24 Vgl. *Thiemann*, StuW 2019, S. 300.

25 Vgl. *Kälberer*, Steuerliche Förderung der Energieeffizienz in Deutschland, 2019, S. 1; *Kälberer*, StuW 2020, S. 91; *Kube* in Dürig/Herzog/Scholz, GG, EL 70, Dezember 2013, Rn. 143 zu Art. 110 GG. Dem Non-Affektationsprinzip ist im Wesentlichen Verfassungsrang zuzuerkennen, vgl. *Enders*, Fiskalzwecke im Steuerverfassungsrecht, 2024, S. 37 m. w. N. Schließlich bildet es die „Basis für eine rationale Haushaltsplanung" und fungiert als wesentliches Element der öffentlichen Haushaltswirtschaft, vgl. *Grupp* in Achterberg/Püttner/Würtenberger, Besonderes Verwaltungsrecht, Bd. 2, 2. Aufl. 2000, S. 188 Rn. 33 (auch direktes Zitat). Gleichwohl soll der Grundsatz der Gesamtdeckung nach hergebrachter Meinung keinen Verfassungsrang haben, weshalb auch zweckgebundene Steuern (z. B. Ökosteuer zur Stützung der Rentenversicherung) zulässig seien. Die derweil verbreitete Zwecksetzung von Steuern dient insbesondere der Normakzeptanz. Vgl. *Herdegen*, VVDStRL 62/2003, S. 21 f.; *Kube* in Mellinghoff, Steuern im Sozialstaat, DStJG 29/2006, S. 25; *Kube* in Dürig/Herzog/Scholz, GG, EL 70, Dezember 2013, Rn. 144 f. zu Art. 110 GG; *Musil*, DVBl. 2007, S. 1529 ff.; *Seer* in Tipke/Lang, Steuerrecht, 25. Aufl. 2024, S. 49 Rn. 2.16; *Waldhoff*, StuW 2002, S. 285 ff.

zegesetzes (HGrG) und § 8 Satz 1 der Bundeshaushaltsordnung (BHO) ergibt.[26]

Die Steuer ist von bedingenden Zusammenhängen losgelöst, indem sie sämtliche Inländer unabhängig von deren individuellen Vorteilen und Kostenverantwortungen heranzieht.[27] Auch die im Preußischen Dreiklassenwahlrecht (1849–1918) noch verankerte Kopplung von Steuerpflicht und demokratischer Mitgestaltung wurde aufgelöst, wodurch eine bewusste Distanz zwischen Steuerzahler und steuerabhängigem Leistungspotenzial geschaffen wurde.[28] Der Staat tritt damit in keinerlei Abhängigkeits- oder Befangenheitsverhältnis ein.[29] Das Wesen der Besteuerung liegt folglich in der Finanzierung der im Wege der demokratischen Abstimmung vereinbarten Aufgaben, während die Trennung zwischen ertragsbringender Steuerhoheit (Einnahmenseite; Art. 105 ff. GG) und finanzpolitisch gestalteter Budgethoheit (Verwendungsseite; Art. 110 ff. GG) ein wesentliches Charakteristikum des mo-

---

26 Vgl. *Kube* in Dürig/Herzog/Scholz, GG, EL 70, Dezember 2013, Rn. 143 zu Art. 110 GG; *Lewinski/Burbat*, HGrG, 2013, Rn. 1 zu § 7 HGrG; *Lewinski/Burbat*, BHO, 2013, Rn. 2 zu § 8 BHO; *List*, DB 1999, S. 1625; *Musil*, DVBl 2007, S. 1526 und S. 1530.

27 Vgl. *Enders*, Fiskalzwecke im Steuerverfassungsrecht, 2024, S. 36 m. w. N.

28 Vgl. *Enders*, Fiskalzwecke im Steuerverfassungsrecht, 2024, S. 36 m. w. N.; *Kirchhof, P.*, VVDStRL 39/1981, S. 250 sowie Fn. 117. Mit der vermehrten Erhebung von Gebühren und Beiträgen wird der Staat zum Dienstleister der Finanzstarken und büßt seine rechtsstaatliche Distanz ein. In der Folge schwindet auch die Akzeptanz für einen gegenleistungsfreien Beitrag zur Staatsfinanzierung; der Steuer- und Leistungsstaat gerät durch einen „Gebührenstaat" ins Wanken. Vgl. *Kube* in Mellinghoff, Steuern im Sozialstaat, DStJG 29/2006, S. 27.

29 Vgl. *Kirchhof, P.*, VVDStRL 39/1981, S. 250. *Friedell* spricht vom Staat als „ein Mysterium, ein Monstrum, eine Gottheit, eine Bestie: was man will; aber er ist ganz unleugbar vorhanden." Dem Staate ist ein Sonderwillen zu Eigen, „der mehr ist als die einfache mechanische Summation aller Einzelwillen." *Friedell*, Kulturgeschichte der Neuzeit, 4. Aufl. 2023, S. 22.

dernen Verfassungsstaates bildet.[30] Im Kern kommt der Trennung eine mehrfache Schutzfunktion zugunsten der ökonomischen Freiheit, der gleichheitskonformen Lastenteilung, der demokratischen Teilhabe und der Sozialstaatlichkeit zu.[31] Sieht man von der (unsolidarischen) lastenverschiebenden Kreditfinanzierung und der subsidiären Erwerbswirtschaft des Staates ab, ermöglicht erst der Steuerstaat eine demokratische Ausgestaltung der Aufgabenerfüllung – abseits bestimmter Pflichtaufgaben wie öffentliche Sicherheit, effektive Rechtsordnung und Absicherung eines menschenwürdigen Existenzminimums[32] – die nicht schon im Vorhinein durch eine Mittelwidmung determiniert sind, freiheitsgewährleistend erfüllt und deshalb steuerlich finanziert werden sollen.[33] Die Akzeptanz der gegenleistungsfreien Steuer wird zur Prämisse eines demokratisch ausgeformten und nach rechtstaatlichen Grundsätzen handelnden Leistungsstaates.[34] Insoweit durchdringt das Steuerrecht die Vermögens- und Privatsphäre eines jeden Einzelnen, weshalb der Staat auch für eine gerechte Aufteilung der Steuerlast zu

---

30 Vgl. *Enders*, Fiskalzwecke im Steuerverfassungsrecht, 2024, S. 36; *Kälberer*, Steuerliche Förderung der Energieeffizienz in Deutschland, 2019, S. 1; *Kälberer*, StuW 2020, S. 91; *Musil*, DVBl. 2007, S. 1531 f.; *Seiler*, DStR 2023, S. 370. Beachte auch *Kirchhof, G.* in Herrmann/Heuer/Raupach, EStG, EL 297, April 2020, Einführung EStG Rn. 102; *Kube* in Mellinghoff, Steuern im Sozialstaat, DStJG 29/2006, S. 17; *Thiele*, Der gefräßige Leviathan, 2019, S. 102; *Waldhoff*, StuW 2002, S. 312 f.; *Weber-Grellet*, DStR 2018, S. 1399 f. Ein Zusammenhang zwischen Nutzen und Lasten besteht im Sinne einer anonymisierten Globaläquivalenz lediglich wie folgt: Gesamtheit aller Steuerbeträge entspricht Gesamtheit allen Staatshandelns. Vgl. *Seiler* in Dürig/Herzog/Scholz, GG, EL 98, März 2022, Rn. 45 zu Art. 105 GG sowie im Einzelnen: *Valta*, Das Internationale Steuerrecht zwischen Effizienz, Gerechtigkeit und Entwicklungshilfe, 2014, S. 22 ff.; *Valta* in Kirchhof et al., Geprägte Freiheit in Forschung und Lehre, 2016, S. 165 ff.

31 Vgl. *Seiler* in Dürig/Herzog/Scholz, GG, EL 98, März 2022, Rn. 46–50 zu Art. 105 GG.

32 Die Garantie des Existenzminimums ergibt sich aus Art. 1 Abs. 1 GG und Art. 20 Abs. 1 GG.

33 Vgl. *Kube* in Mellinghoff, Steuern im Sozialstaat, DStJG 29/2006, S. 14, 16.

34 Vgl. *Kube* in Mellinghoff, Steuern im Sozialstaat, DStJG 29/2006, S. 17. Gleichwohl kann die Loslösung von konkreten Finanzierungszwecken dem Steuersaat auch zum Nachteil gereichen, indem ihm die Rechtfertigung zur Steuererhebung ohne konkret zu realisierende Projekte schwerfällt. Dies korreliert wiederum mit der Steuermoral auf Seiten der Steuerbetroffenen. Vgl. *Musil*, DVBl. 2007, S. 1527.

sorgen hat.[35] Doch was nützt Gleichheit, wenn sie nur „auf dem Papier" verwirklicht ist? Erst der gleichheitssatzkonforme Steuervollzug liefert die gewünschte Belastungsgleichheit eines mithin gleichheitssatzkonform ausgestalteten Steuergesetzes. Doch lange Zeit schien es unmöglich etwaige Vollzugsdefizite aufzugreifen oder sich gegen eine erratisch anmutende Inanspruchnahme zu behaupten; oder mit anderen Worten: „Der zu Unrecht nicht besteuerte Steuerpflichtige klagt nicht; dem gesetzestreuen Steuerpflichtigen fehlt die Beschwer hinsichtlich der rechtswidrigen Nichtbesteuerung der anderen."[36] Und so lebt das Steuerrecht „aus dem Diktum des Gesetzgebers"[37], dem eine besondere Verantwortung zukommt, ebenjene Sachverhalte festzulegen, die für steuererheblich Zwecke relevant sind. Dies gilt umso mehr, da in der Eigenrationalität der Besteuerung – der Staatsfinanzierung – keine bestimmte Sachlogik von vorneherein zu erkennen ist.[38]

Da Rechtsnormen stets auch eine Orientierungsfunktion in sich tragen, ist damit zugleich das Erfordernis der Rechtssicherheit angesprochen: Ein solches verfassungsrechtliche Erfordernis ergibt sich aus der „Zusammenschau des Rechtsstaatsprinzips mit den Grundrechten".[39] Für das Steuerrecht ergibt sich dies in erster Linie anhand der Berufsfreiheit des Art. 12 Abs. 1 GG – kontextuell lässt sich aber auch auf die allgemeine Handlungsfreiheit (Art. 2 Abs. 1 GG) und ggf. auf

---

35 Vgl. *Seer* in Tipke/Lang, Steuerrecht, 25. Aufl. 2024, S. 2 Rn. 1.3. Zentral für die Gleichmäßigkeit der Besteuerung sind die verfassungsrechtlich abgesicherten Prinzipien der Deklaration und der Verifikation, vgl. *Thiemann*, StuW 2019, S. 302. Zugleich sollte man meinen, dass Steuernormen besonders bestimmt sein sollten. Stellt man auf Formulierungen wie z. B. in § 4 Abs. 4 EStG ab, indem es heißt „Betriebsausgaben sind die Aufwendungen, die durch den Betrieb veranlasst sind", wird diese Annahme in der Realität steuerrechtlicher Normen erheblich kontrastiert. Vgl. dazu und zu weiteren unbestimmten Rechtsbegriffen: *Thiemann*, StuW 2019, S. 295.

36 Vgl. *Hey*, StuW 2023, S. 55 (auch direktes Zitat).

37 Klassisch: BVerfG, Urteil v. 24.01.1962 – 1 BvR 232/60, NJW 1962, S. 443.

38 Vgl. *Thiemann*, StuW 2019, S. 295.

39 Vgl. *Thiemann*, StuW 2019, S. 296 (auch direktes Zitat). Die Grundrechte sind die Essentiale des Verfassungsstaates, indem sie unter dem GG den Leitgedanken für ein rechtlich geordnetes Zusammenleben bilden und ein Kernelement der freiheitlich-demokratischen Ordnung ausbilden. Vgl. *Barczak*, JZ 2024, S. 417.

die Eigentumsgarantie des Art. 14 Abs. 1 GG abstellen.[40] Im Ergebnis soll staatliches Handeln durch Rechtssätze gesichert sein, was es für den Einzelnen erst vorhersehbar und berechenbar macht. Vor diesem Hintergrund hält das BVerfG auch fest, dass „(d)ie Grundrechte wie auch das Rechtsstaatsprinzip im Zusammenwirken die Verlässlichkeit der Rechtsordnung als wesentliche Voraussetzung für die Selbstbestimmung über den eigenen Lebensentwurf und damit als eine Grundbedingung freiheitlicher Verfassung“ garantieren.[41] Das Rechtsvertrauen wird zur „Grundbedingung einer freiheitlichen Verfassung“, schließlich vertraut der Mensch nur einer Rechtsordnung, die ihm auch bekannt ist, was für ein planungssicheres Wirtschaften gleichermaßen gilt.[42] Diesen Befund macht sich der Verfassungsstaat in vielfältiger Weise zu eigen, indem er Rechtssicherheit gewährleistet und ebenjene durch die Prinzipien der Kontinuität[43] des Rechts, des Vertrauensschutzes

---

40 Vgl. *Thiemann*, StuW 2019, S. 296 und zu den grundrechtlichen Parametern der Forderung nach Steuerplanungssicherheit: *Hey*, Steuerplanungssicherheit als Rechtsproblem, 2002, S. 133 ff. Vgl. im Einzelnen zu Art. 2 Abs. 1 GG (*Di Fabio* in Dürig/Herzog/Scholz, GG, EL 39, Juli 2001, Rn. 1 ff. zu Art. 2 Abs. 1 GG), zu Art. 12 Abs. 1 GG (*Remmert* in Dürig/Herzog/Scholz, GG, EL 102, August 2023, Rn. 1 ff. zu Art. 12 Abs. 1 GG) sowie zu Art. 14 Abs. 1 GG (*Papier/Shirvani* in Dürig/Herzog/Scholz, GG, EL 83, April 2018, Rn. 1 ff. zu Art. 14 GG).

41 BVerfG v. 07.07.2010 – 2 BvL 14/02, 2 BvL 2/04, 2 BvL 13/05, BVerfGE 13, S. 160 und dazu weiter ausführend: „Es würde die Betroffenen in ihrer Freiheit erheblich gefährden, dürfte die öffentliche Gewalt an ihr Verhalten oder an sie betreffende Umstände ohne Weiteres im Nachhinein belastendere Rechtsfolgen knüpfen, als sie zum Zeitpunkt ihres rechtserheblichen Verhaltens galten“. Vgl. aus der neueren Rechtsprechung bspw. BVerwG v. 06.10.2021 – 9 C 10/20, NVwZ 2022, S. 484; BVerfG v. 29.04.2022 – 1 BvL 2/17, 1 BvL 3/17, 1 BvL 4/17, 1 BvL 5/17, 1 BvL 6/17, NZM 2022, S. 607; BVerfG v. 07.12.2022 – 2 BvR 988/16, NJW 2023, S. 1940; BVerfG v. 14.12.2022 – 2 BvL 7/13, 2 BvL 18/14, NJW 2023, S. 1948; BFH v. 19.10.2023 – IV R 13/22, DStR 2024, S. 424.

42 Vgl. *Kirchhof, P.* in Pezzer, Vertrauensschutz im Steuerrecht, DStJG 27/2004, S. 1 (auch direktes Zitat); *Kube*, StuW 2023, S. 18.

43 Vgl. hierzu im Einzelnen: *Leisner*, Kontinuität als Verfassungsprinzip, 2002, S. 1 ff. Im Besonderen ist auf die Kontinuitätsbedürftigkeit und Kontinuitätsträchtigkeit des Steuerrechts hinzuweisen. Vgl. *Leisner-Egensperger* in Pezzer, Vertrauensschutz im Steuerrecht, DStJG 27/2004, S. 203.

und der Beständigkeit konkretisiert.[44] Hinzu tritt die Gleichheit in der Zeit, welche sich nicht nur dem Bestand, sondern auch die Erneuerung widmet. Angesichts sich stetig verändernder Modalitäten und neu gestalteter Lebenssituationen, bspw. im Zuge der Digitalisierung und Globalisierung, wahrt die Gleichheit (trotz der Zeit) den Bestand, sichert Veränderung in der Zeit und schafft einen schonenden Übergang von einem Recht zum anderen; Gesetzgebungsbefugnis ist schließlich Änderungsbefugnis.[45] „Ebenso fordert die Gleichheit aber auch, den heutigen veränderten Fall entsprechend seinen Veränderungen anders als den gestrigen zu behandeln. Die Gleichheit vor dem Gesetz erwartet eine Gleichbehandlung aller wiederkehrenden, rechtserheblich gleichen Fälle, wird aber zur gesetzlich geregelten Ungleichheit, sobald der Gesetzgeber das Gesetz geändert hat."[46] Vor diesem Hintergrund hat *Tipke* den Begriff der Übergangsgerechtigkeit geprägt und dabei festgehalten, dass eine jede Änderungsnorm den Anschein von Ungerechtigkeit in sich trägt.[47] Gerade aber im Übergang findet sich ein verfassungsrechtliches Optimierungsproblem, für dessen Lösung ein maßstabsbezogener Ausgleich zwischen Kontinuität, Vertrauen und Dynamik zu bestimmen ist.[48] Im Ergebnis hat jede Zeit ihre

---

44 Vgl. *Kube*, StuW 2023, S. 18. Sowie insgesamt zur Rechtssicherheit: *Grzeszick* in Dürig/Herzog/Scholz, GG, EL 97, Januar 2022, Kap. VII, Rn. 51 ff. zu Art. 20 GG. Aus alledem lässt sich indes kein Versteinerungsgebot ableiten, zumal die Steuergerechtigkeit selbst dem Wandel der Zeit unterworfen ist. Vgl. *Anzinger*, StuW 2022, S. 309.

45 Vgl. *Kirchhof, P.* in Dürig/Herzog/Scholz, GG, EL 75, September 2015, Rn. 333 f. zu Art. 3 Abs. 1 GG, der zugleich ausführt, dass der heutige Fall ebenso zu behandeln ist, wie den gleichen gestrigen. (*ders.*, Rn. 333 zu Art. 3 GG).

46 *Kirchhof, P.* in Dürig/Herzog/Scholz, GG, EL 75, September 2015, Rn. 333 zu Art. 3 Abs. 1 GG.

47 Vgl. *Anzinger*, StuW 2022, S. 301; *Tipke*, Die Steuerrechtsordnung, Bd. 3, 2. Aufl. 2012, S. 1882. In idealtypischer Weise widmet sich die Legislative der Zukunft und die Exekutive der Gegenwart; die Judikative ist hingegen der Vergangenheit zugewandt. Vgl. *Husserl*, Recht und Zeit, 1955, S. 52 f. sowie *Kirchhof, P.* in Dürig/Herzog/Scholz, GG, EL 75, September 2015, Rn. 334 zu Art. 3 Abs. 1 GG.

48 Vgl. *Anzinger*, StuW 2022, S. 309, wenngleich sich *Tipke* zugunsten des Vertrauensschutzes ausspricht. Vgl. *Tipke*, Die Steuerrechtsordnung, Bd. 1, 2. Aufl. 2000, S. 160 ff.

Gerechtigkeit und jede Gerechtigkeit ihre Zeit.[49] Gemeint ist damit aber keineswegs Hektik und Widersprüchlichkeit, sondern notwendige Veränderung (Reform) mit einer sich daran anschließenden Stabilisierung, welche zugleich Fragen nach der Rechtsanwendungsgleichheit aufwirft.[50] Letzteres meint Veränderungen der Lebenswirklichkeit und des Rechts in der Zeit, weshalb das materielle Steuergesetz – mit Blick auf den Gleichheitssatz[51] – in ein normatives Umfeld einzubetten ist, welches die tatsächliche Gleichbelastung prinzipiell gewährleistet.[52] Schließlich wirkt die Verschärfung des Steuervollzugs „in einem schwer zu vollziehenden Bereich (..) nicht wesentlich anders als eine materielle Gesetzesänderung"; ihre Rechtfertigung gelingt indes einfacher, wenn einem das gesetzwidrige Verhalten nicht rechtstreuer Steuerpflichtiger vorgehalten wird.[53]

Mit disruptiv wirkenden Innovationen wie der Blockchain-Technologie, der Industrie 4.0 und dem Übergang zur Dienstleistungsgesellschaft nimmt die Bedeutung von Algorithmen und Daten stetig zu. So hat die Digitalisierung gänzlich neue Wirtschaftszweige hervorgebracht, deren Geschäftsmodelle eng mit dem Internet verbunden sind und darauf beruhen, Tätigkeiten aus der Ferne mit beschränkter oder ohne physische Präsenz auszuüben.[54] Da über Plattformen

---

49 Vgl. *Tipke*, Die Steuerrechtsordnung, Bd. 1, 2. Aufl. 2000, S. 241 und dies weiter ausführend: *Anzinger*, StuW 2022, S. 300 ff.; *Seiler*, DStR 2023, S. 369 ff. Als Preis für die Zeit versteht sich im Steuerschuldverhältnis der Zins, vgl. *Anzinger*, StuW 2022, S. 309.

50 Vgl. *Anzinger*, StuW 2022, S. 301; *Birk* in Pezzer, Vertrauensschutz im Steuerrecht, DStJG 27/2004, S. 12. Abgestellt sei hier auch auf die Eigenart des Steuerrechts, welches freilich kein Gefahrenabwehrrecht darstellt und deshalb selten unter konkretem Zeitdruck steht. Dringlichkeit begründet sich vielmehr aus der „Verschleppung" erforderlicher Reformen. Vgl. *Hey*, StuW 2024, S. 20.

51 Zu den Gleichheitssätzen im europäischen Steuerrecht vgl. *Hey* in Hey/Schön, Europäisches Steuerverfassungsrecht, 2023, S. 143 ff.

52 Vgl. *Anzinger*, StuW 2022, S. 309 f.; BVerfG v. 27.06.1991 – 2 BvR 1493/89, BVerfGE 84, S. 270, 1. Leitsatz.

53 Vgl. *Anzinger*, StuW 2022, S. 309 f. sowie ausführlich zur Rechtsanwendungsgleichheit: *Hey* in Tipke/Lang, Steuerrecht, 25. Aufl. 2024, S. 112 ff. Rn. 3.111 ff.

54 Vgl. *Europäische Kommission*, Vorschlag für eine Richtlinie des Rates zum gemeinsamen System einer Digitalsteuer auf Erträge aus der Erbringung bestimmter Dienstleistungen vom 21.03.2018, COM (2018) 148 final, S. 17.

getätigte Transaktionen jedoch nicht nur eine Wettbewerbsverzerrung im Endkundengeschäft hervorrufen, sondern auch die Durchsetzung des staatlichen Steueranspruchs nicht immer gewährleistet wird, wird der Steuervollzug Zunehmens über steuerrechtliche Mitwirkungspflichten sichergestellt.[55] Der Gleichheitssatz verlangt indes, dass die Steuerpflichtigen durch etwaige Steuergesetze rechtlich und vor allem tatsächlich gleich belastet werden.[56] Werden nun nationale sowie international begründete Mitwirkungspflichten – bspw. in Gestalt des Plattformen-Steuertransparenzgesetzes vom 20.12.2022 (BGBl. I 2022, S. 2730)[57], des sektoralen Country-by-Country-Reporting (CbCR) oder der Global Reporting Initiative (GRI) initiiert – entsteht eine überbordende Verwaltungslast der Besteuerung, die nicht zuletzt als strukturelles Misstrauen zu interpretieren ist.[58]

Vor diesem Hintergrund soll im Weiteren der Frage nachgegangen werden, welche steuerrechtlichen Mitwirkungspflichten im Kontext einer digitalisierten Wirtschaft bestehen und inwieweit sie die grundrechtlichen Freiheiten begrenzen. Die Ausführungen sollen zugleich zum Anlass genommen werden, eine dringend erforderliche Vereinfachung des (materiellen) Steuerrechts zu betonen und gleichzeitig Antworten dahingehend liefern, inwieweit das Übermaßverbot für Verwaltungslasten in den Dienst der Steuergleichheit gerückt werden kann. Und so

55 Vgl. *Gölz-Kälberer/Kälberer*, Steuer-Seminar 2023, S. 347 ff.; *Kälberer*, NWB-BB 2023, S. 371 ff.; *Kälberer*, RET 3/2024, S. 66 ff.; *Denker/Kälberer*, RET 5/2024, S. 57 ff. Beachte auch *Hey*, StuW 2024, S. 16 ff.

56 Vgl. BVerfG v. 27.06.1991 – 2 BvR 1493/89, BVerfGE 84, S. 270, 1. Leitsatz. Infolge des allgemeinen Gleichheitssatzes ist „wesentlich Gleiches gleich und wesentlich Ungleiches ungleich zu behandeln"; dies gilt für ungleiche Belastungen ebenso wie für ungleiche Begünstigungen. Vgl. BVerfG v. 29.03.2017 – 2 BvL 6/11, BStBl. II 2017, S. 1094 m. w. N. Vgl. auch BFH v. 07.06.2024 – VIII B 113/23 (AdV), DStR 2024, S. 1478; *Becker*, DStR 2024, S. 2097; *Bleschick* in Wolsztynski/Coenen/Krumm, Steuerrechtsschutz im Wandel der Zeit, 2024, S. 93.

57 Gesetz zur Umsetzung der Richtlinie (EU) 2021/514 des Rates vom 22. März 2021 zur Änderung der Richtlinie 2011/16/EU über die Zusammenarbeit der Verwaltungsbehörden im Bereich der Besteuerung und zur Modernisierung des Steuerverfahrensrechts, BGBl. I 2022, S. 2730.

58 Vgl. *Hey*, StuW 2024, S. 16 f.; *Kirchhof, P.*, DStR 2023, S. 1801 sowie zur Datensammlung, dem Informationsaustausch und der Publizität im Steuerrecht: Mellinghoff, StuW 2023, S. 5 ff.

lautet auch der Auftrag einer modernen Steuerrechtspflege: „In Freiheit denken und Gleichheit beachten."[59] Da Freiheit ohne Verantwortung nicht denkbar wäre, schließt sich der Kreis zur Steuerrechtfertigung als Wahrnehmung von Verantwortung im Dienste des Gemeinwohls und nach Maßgabe des Gesetzes.[60]

1.3 Weiterer Gang der Untersuchung

Die Arbeit ist wie folgt gegliedert: Nach der bereits erfolgten (periodenübergreifenden) Betrachtung und Suche nach Regelungs- und Wirkungsverbindungen für ein prinzipiengeleitetes Steuersystem, wird in Kap. 2 zunächst auf die Ausprägungsformen der Digitalisierung eingegangen. Hierbei stehen die gesamtgesellschaftlichen Implikationen wie auch die territoriale Entgrenzung als Herausforderung für das materielle Steuerrecht im Mittelpunkt der Betrachtung. Dem schließen sich Überlegungen zur Rechtsstaatlichkeit und dem Grundrechtsschutz in einer digitalisierten Gesellschaft an. In diesem Zusammenhang werden in Kap. 3 nicht nur die demokratiepolitischen Ideale der Besteuerung, sondern auch die Ambivalenz zwischen Steuereingriff und Ermöglichung der freiheitlichen Strukturen der öffentlichen Gewalt. Denn „(d)as Steuerverfassungsrecht ist sich dabei bewusst, dass das Leistungsfähigkeitsprinzip für alle Steuern greift, die geforderte Gleichheit im Belastungserfolg am besten in einem digitalisierten Steuerrecht gelingt und sich Steuern von Verfassungs wegen zu unterscheiden ha-

59 *Jachmann-Michel*, StuW 2018, S. 8. Vgl. hierzu eingehend: *Jachmann-Michel*, StuW 2017, S. 209 ff.; *Jachmann- Michel*, StuW 2018, S. 6 ff.; *Kirchhof, P.*, StuW 2017, S. 3 ff.; *Kirchhof, P.*, StuW 2018, S. 1 ff.

60 Vgl. *Jachmann-Michel*, StuW 2018, S. 8; *Kälberer*, Steuerliche Förderung der Energieeffizienz in Deutschland, 2019, S. 63. Freiheit ist perioden- und generationenübergreifend zu sichern, was auch im 4. Leitsatz zum Klimabeschluss des BVerG seinen Anklang findet: „Das Grundgesetz verpflichtet unter bestimmten Voraussetzungen zur Sicherung grundrechtsgeschützter Freiheit über die Zeit und zur verhältnismäßigen Verteilung von Freiheitschancen über die Generationen." BVerfG v. 24.03.2021 – 1 BvR 2656/18, 1 BvR 78/20, 1 BvR 96/20, 1 BvR 288/20, NJW 2021, S. 1723 und dazu *Kirchhof, G.*, Intertemporale Freiheitssicherung, 2022, S. 69.

ben."[61] Dies soll Gegenstand der weiteren Ausführungen in Kap. 3 sein, welche die Forderung nach einem einfach zu befolgenden und verwaltungseffizient ausgestalteten Steuerrecht betonen. Damit sei zugleich die zunehmende Anzahl an Dokumentations-, und Mitwirkungspflichten angesprochen, die Gegenstand des Kap. 4 sind und am Beispiel des Plattformen-Steuertransparenzgesetzes vom 20.12.2022 (PStTG; BGBl. I 2022, S. 2730) dargelegt werden. Auch die Neufassung des § 88 AO – und im Weiteren die Neuausrichtung des Untersuchungsgrundsatzes, die im Wesentlichen auf das Gesetz zur Modernisierung des Besteuerungsverfahrens vom 18.07.2016 (BGBl. I 2016, S. 1679) zurückgehen – findet dabei Erwähnung. Die Arbeit schließt sodann mit einem Fazit in Kap. 5, welches zugleich die Potentiale der Digitalisierung in den Kontext der Befolgungslasten rückt.

---

61 *Kirchhof, G.*, DStR 2023, S. 355.

2 Ausprägungsformen der digitalen Transformation

2.1 Digitalisierung als gesamtgesellschaftliche Aufgabe

Als im 16. Jahrhundert der Buchdruck den Weg zur Reformation ebnete oder die Erfindung der Dampfmaschine die industrielle Revolution einläutete, war dies mit einer Zeitenwende verbunden; dieser Umbruch vollzieht sich nun mit der Digitalisierung erneut. Man spricht deshalb auch von der „Dritten industriellen Revolution" oder dem „Zweiten Maschinenzeitalter".[62] Scheinbar unaufhaltsam durchdringen algorithmenbasierte Systeme sämtliche Bereiche unseres Lebens und vollziehen „eine technologisch-ökonomisch-gesellschaftliche Transformation von unvorhersehbarem Ausmaß."[63] Kern dieser Transformation ist ein integrativer Aushandlungsprozess, der einen Wechselprozess zwischen sozialen Beziehungen und den kulturellen, ökonomischen sowie wissenschaftlichen Herangehensweisen einläutet. Aus diesem iterativen und kommunikativen Prozess ergeben sich immer neue Herausforderungen, „in denen (sich) Gesellschaften oder gesellschaftliche Teilsysteme (...) irgendwie zurechtfinden müssen."[64] Mensch und Maschine sind letztlich eng miteinander verwoben und interagieren auf komplexe

62 Vgl. *Breidenbach/Glatz*, beck.digitax 2020, S. 18; *Kälberer*, BC 2021 S. 417 f.; *Kälberer*, RET 3/2024, S. 67; *Kälberer* in Kälberer/Kammer, Fachassistent Digitalisierung und IT-Prozesse, 2024, S. 21; *Lanfermann/Hommelhoff/Gundel*, BB 2021, S. 1195 ff. Zur digitalen Transformation als Ereignis „epochaler" Bedeutung: *Hoffmann-Riem*, Recht im Sog der digitalen Transformation, 2022, S. 1 ff.

63 Vgl. *Salzborn*, ZUR 2021, S. 513 (auch direktes Zitat). Beachte auch *Kälberer*, RET 3/2024, S. 67; *Kälberer* in Kälberer/Kammer, Fachassistent Digitalisierung und IT-Prozesse, 2024, S. 21.

64 Vgl. *Friesike/Sprondel*, Träge Transformation, 2022, S. 8 und S. 12 (direktes Zitat auf S. 8).

Weise miteinander. Es entsteht eine „zweite Natur", die nicht nur die Randbedingungen, sondern vielmehr die Erfolgsbedingungen für das (weitere) menschliche Leben setzt und unsere Sichtweise auf die Welt sowie deren Probleme beeinflusst.[65] Dieser Umstand ist zwar nicht neu, denn bereits seit jeher sind neue Technologien „das Ergebnis einer technologischen Art und Weise, wie Menschen die Welt sehen und sich zu ihr in Beziehung setzen";[66] die zunehmende Komplexität der Mensch-Maschine-Relation verändert jedoch deren Wahrnehmung. Dies zeigt sich nicht zuletzt in der Anthropomorphisierung digitaler Technik, indem Fähigkeiten wie Denken, Lernen oder das Zeigen von Emotionen einer Künstlichen Intelligenz (KI)[67] bzw. Robotern zugeschrieben werden.[68]

Versteht man die Digitalisierung[69] als „strategisch orientierte Transformation von Prozessen, Produkten, Dienstleistungen bis hin zur Transformation von kompletten Geschäftsmodellen unter Nutzung moderner Informations- und Kommunikationstechnologien (IuK) mit dem Ziel, nachhaltige Wertschöpfung effektiv und effizient zu gewährleis-

65 Vgl. *Deutscher Ethikrat*, Mensch und Maschine, 2023, S. 24 und S. 30.

66 *Deutscher Ethikrat*, Mensch und Maschine, 2023, S. 30.

67 Beachte: Verordnung (EU) 2024/1689 v. 13.06.2024, Abl. EU Reihe L v. 12.07.2024, S. 1 ff. und dazu mithin *Martini/Wendehorst* (Hrsg.), KI-VO, 2024, S. 1 ff.; *Schwartmann/Keber/Zenner* (Hrsg.), KI-Verordnung, 2. Aufl. 2024, S. 1 ff.; *Wendt/Wendt*, Das neue Recht der Künstlichen Intelligenz, 2024, S. 1 ff.

68 Vgl. *Deutscher Ethikrat*, Mensch und Maschine, 2023, S. 30 (direktes Zitat auf S. 30). Vgl. dazu zugleich *Kälberer* in Kälberer/Kammer, Fachassistent Digitalisierung und IT-Prozesse, 2024, S. 21. Die vormals klaren Unterscheidungen zwischen Mensch und Technik scheinen in KI-gesteuerten Systemen weniger eindeutig zu werden, was zentrale ethische Fragestellungen aufwirft, vgl. dazu *Deutscher Ethikrat*, Mensch und Maschine, 2023, S. 1 ff.; *Kälberer*, RET 3/2024, S. 71; *Jobin/Ienca/Vayena*, Nature Machine Intelligence 2019, S. 389 ff.; *Mittelstadt*, Nature Machine Intelligence 2019, S. 501 ff.

69 Begriffsspezifische Einordnung der Digitalisierung nach Art. 2 Nr. 103c AGVO: „Einführung von Technologien für elektronische Geräte und/oder Systeme, die die Erweiterung von Produktfunktionen, die Entwicklung von Online-Diensten, die Modernisierung von Verfahren oder die Umstellung auf Geschäftsmodelle, die auf der Disintermediation der Produktion von Gütern oder der Erbringung von Dienstleistungen basieren, ermöglichen und schließlich Transformationen bewirken."

ten"[70], findet man sich in einem zusammenhängenden Prozess wieder, der zugleich von Missverständnissen geprägt ist.[71] In der Folge ist von einer soziotechnischen Transformation zu sprechen deren Zusammenspiel von menschlichen Entscheidungen und technologischen Neuerungen Auswirkungen in Gegenwart und Zukunft bedingen.[72]

2.2 Digitale Disruption und Delokalisierung

Die Digitalisierung wird von Geschäftsmodellen begleitet, die losgelöst von einer physischen Präsenz sind (sog. Delokalisierung) und in hohem Maße auf Daten und Netzwerkeffekten basieren. Während klassische Industriebetriebe über diversifiziertere Wertschöpfungsketten verfügen, generieren Unternehmen der sog. Digital Economy ihre Wertschöpfung aus der gebündelten Entwicklung, Pflege und Instandhaltung von IT-Systemen sowie der Wertsteigerung ihrer jeweiligen immateriellen Wirtschaftsgüter[73] – angesprochen sind damit insbesondere digitale Plattformen, die es einem ermöglichen, verschiedene Leistungen einem weiten Publikum anzubieten und so neue Märkte und Vertriebskanäle zu erschließen (sog. Plattformökonomie).[74] Getrieben durch gesunkene Transaktionskosten und eine rasante Entwicklung im Bereich der Datenspeicherung und -verarbeitung, hat die Plattformökonomie zwischenzeitlich eine beachtliche Marktkapitalisierung erreicht, deren Leistungsspektrum von der kurzfristigen Vermietung von Immobilien an Feriengäste (z. B. Airbnb), der Erbringung persönli-

---

70 *Becker/Pflaum* in Becker et al., Geschäftsmodelle in der digitalen Welt, 2019, S. 9.

71 Vgl. *Friesike/Sprondel*, Träge Transformation, 2022, S. 1 ff. sowie in gleicher Weise: *Kälberer* in Kälberer/Kammer, Fachassistent Digitalisierung und IT-Prozesse, 2024, S. 21.

72 Vgl. BVerfG v. 24.03.2021 – 1 BvR 2656/18, 1 BvR 78/20, 1 BvR 96/20, 1 BvR 288/20, NJW 2021, S. 1728 f.; *Hoffmann-Riem*, Recht im Sog der digitalen Transformation, 2022, S. 5 f.

73 Vgl. *Heggmair/Riedl/Wutschke*, IStR 2015, S. 93; *Kälberer*, RET 3/2024, S. 69. Zum Wirtschaftsgutbegriff im Lichte der Digitalisierung vgl. *Kopp*, FR 2025, S. 1 ff.

74 Vgl. *Busch*, IWRZ 2018, S. 147; *Busch*, GRUR 2019, S. 789; *Kälberer*, RET 3/2024, S. 69. Zu den Eckpfeilern der europäischen Plattformregulierung vgl. *Meyer/Moss*, JURA 2024, S. 375 ff. sowie S. 720 ff.

cher Dienstleistungen (z. B. Fiverr) bis hin zum Verkauf von Waren (z. B. eBay) reicht. Im Vordergrund steht dabei die systematische Sammlung und Verarbeitung von Informationen auf der Anbieterseite sowie die entsprechende Speicherung und Auswertung des Nutzerverhaltens. Daten[75] werden so zu einer kritischen Ressource der Transaktionskoordination, indem das (Informations-)Angebot entsprechend den Präferenzen zusammengefügt wird und indirekte – und teils auch direkte – Netzwerkeffekte ausgeschöpft werden. Dabei befördern Informations- bzw. Transaktionsplattformen in vielfältiger Weise nicht nur die private, sondern auch die soziale und wirtschaftliche Interaktion.[76]
Da eine jede Steuer der Abgrenzung im Raum bedarf, tritt der sich vollziehende digitale Wandel in ein fundamentales Spannungsverhältnis zum Steuerrecht. Dies gilt umso mehr, da die territorial radizierte staatliche Souveränität nicht zuletzt für Zwecke der Steuerrechtfertigung von Bedeutung ist. So beruht (zumindest) das Ertragsteuerrecht auf der Erfassung der wirtschaftlichen Leistungsfähigkeit von eindeutig lozierbarern Steuersubjekten, die sich angesichts digitaler Geschäfte und Märkte Zunehmens den territorial-staatlichen Herrschaftsansprüchen entziehen können.[77] Schließlich nehmen technologische Innovationen zunächst keinerlei Rücksicht auf die moralphilosophisch geprägten Gerechtigkeitsvorstellungen des Steuerrechts, die zugleich in enger Bezie-

---

75 Zur Verfügbarkeit von Daten als Bausteine der Digitalisierung – in der Differenzierung als (nicht) personenbezogene Daten und deren Kombination: *Hoffmann-Riem*, Recht im Sog der digitalen Transformation, 2022, S. 32 ff. Beachte zudem *Kristl*, Der Datenfluss im Automobilkonzern, 2022, S. 1 ff. (zur konzerninternen Verrechnung von Datentransfers); *Möslein/Ostrovski*, JZ 2024, S. 593 ff. (zur Erfassung von Token durch §§ 327 ff. BGB); *Oster*, JZ 2021, S. 167 ff. (für eine ordnungsfunktionale Betrachtung) *Schefzig*, K&R 2015, S. 3 ff. (zur Sicherung der Rechte an Daten); *Spieker/Backes*, beck.digitax 2024, S. 16 ff. (zur steuerlichen Datenerhebung).

76 Vgl. *Haucap*, Wirtschaftsdienst 2020, S. 20 ff.; *Kälberer*, NWB-BB 2023, S. 371 f.; *Kälberer*, RET 3/2024, S. 69; *Kälberer* in Kälberer/Kammer, Fachassistent Digitalisierung und IT-Prozesse, 2024, S. 22; *Kälberer/Denker*, RET 2024, S. 58 f.

77 Vgl. *Waldhoff* in Hey, Digitalisierung im Steuerrecht, DStJG 42/2019, S. 81 m. w. N. Zu den Auswirkungen der Digitalisierung auf das lokale Gewerbesteueraufkommen vgl. *Neugebauer*, BFuP 2021, S. 625 ff. sowie für eine Betrachtung der Plattformökonomie im Lichte des Europäischen Steuerrechts: Heidbüchel, beck.digitax 2024, S. 142 ff., S. 219 ff., S. 314 ff. und S. 374 ff.

hung zu deren demokratiepolitischen Idealen stehen – als „amorales Phänomen“ stellt das staatliche Gemeinwohl und der am öffentlichen Interesse orientierte Fiskalzweck für die Technik keine relevanten Größen dar.[78]

78 Vgl. *Sumper*, Besteuerung als Grundlage für Demokratie und Rechtsstaat, 2023, S. 116 m. w. N. Mit dem BEPS-Aktionspunkt 1 zielt die OECD (Organisation for Economic Co-operation and Development) auf die Lösung der mit der Digitalisierung verbundenen Besteuerungsprobleme ab. Vgl. dazu in einem Überblick *Cortez/Lang*, IWB 2024, S. 476 f. (zu Pillar One – Neuverteilung der Besteuerungsrechte) und *Cortez/Lang*, IWB 2024, S. 630 f. (zu Pillar Two – Mindestbesteuerung).

3 Rechtsstaatlichkeit und Grundrechtsschutz in einer digitalisierten Gesellschaft

3.1 Jedermannsgleichheit und das Dilemma der Rechtssetzung

Die in modernen Rechtsstaaten[79] verfassungsrechtlich konkretisierte objektive Ordnung der Gerechtigkeit steht im Einklang mit dem Steuervollzug, d. h. Gerechtigkeit zwischen den Wirtschaftssubjekten wird durch steuerliche Gleichbehandlung erreicht.[80] Gerechtigkeit ist allerdings „ein Begriff, der nicht für sich allein stehen kann, der ohne Referenz sinnlos ist. (...) Gerechtigkeit ist eine Frage des richtigen Maßes, wie etwa die Maßstabsentsprechung es verlangt oder wie das Bild der Waage es ausdrückt."[81] Im überpositiven Sinne kann es daher nicht die eine Steuergerechtigkeit geben, was zugleich das „Ungerechte" an der Steuergerechtigkeit ist, da sie zwangsläufig eine Wertungsgebundenheit in sich trägt.[82] So bildet die Steuergerechtigkeit einen abstrakten Wertebegriff der zwar für Zwecke einer unmittelbaren Belastungs- und Verteilungsentscheidung nicht tauglich erscheint, wohl aber die Relevanz hervorhebt, dass Gerechtigkeit „auf Prinzipien und Regeln gegründet werden muss", welche „durch das Gebot der Verallgemeinerung zu Ende gedacht

---

79 Zur Entstehung und den Merkmalen des modernen Staates vgl. *Thiele*, Der gefräßige Leviathan, 2019, S. 11 ff.

80 Vgl. BVerfG v. 29.03.2017 – 2 BvL 6/11, BStBl. II 2017, S. 1094 f.; *Fertig*, Ubg 2018, S. 523; *Hiller*, Bewertungsmaßstäbe im Bilanzsteuerrecht, 2015, S. 21; *Lang*, StuW 2016, S. 101; *Tipke*, StuW 1988, S. 269; *Tipke*, JZ 2009, S. 534. Vgl. hierzu auch *Mödinger*, Internationale Erfolgs- und Vermögensabgrenzung zwischen Stammhaus und Betriebsstätte nach der Neufassung des Art. 7 OECD-MA, 2012, S. 61.

81 *Di Fabio*, JZ 2007, S. 749. Vgl. hierzu auch *Kälberer*, Steuerliche Förderung der Energieeffizienz in Deutschland, 2019, S. 129.

82 Vgl. *Anzinger*, StuW 2022, S. 300 f.; *Birk*, StuW 2011, S. 357 ff.; *Tipke*, Die Steuerrechtsordnung, Bd. 3, 2. Aufl. 2012, S. 1258 ff.

und durch die rechtslogischen Gebote der Folgerichtigkeit und der Widerspruchsfreiheit konkretisiert werden" müssen.[83]
Gesetzliche Bestimmungen werden von Menschen erlassen[84] und folgen deren Neigung und Vernunft, einer darin begründeten Sachgesetzmäßigkeit sowie dem politischen Gestaltungswillen; Gesetze sind insoweit stets das Ergebnis eines politischen Wägens und Gewichtens.[85] Jene Regelungen sind an der Normalität auszurichten und dürfen keinen atypischen Fall als Leitbild in sich tragen;[86] insoweit abstrahiert eine Gesetzesnorm vom Besonderen und wahrt die Distanz zu einzelnen Personen und dem jeweiligen Einzelfall, d. h. das Gesetz verallgemeinert.[87] Die Verallgemeinerung dient der Gleichheit; verfehlt das Gesetz dagegen den richtigen

83 Vgl. *Anzinger*, StuW 2022, S. 300 f. (auch direkte Zitate); *Tipke*, StuW 2007, S. 202; *Tipke*, Die Steuerrechtsordnung, Bd. 3, 2. Aufl. 2012, S. 1258 ff.

84 Zu den Einflüssen der Digitalisierung auf die Rechtsetzung vgl. *Reimer* in Hey, Digitalisierung im Steuerrecht, DStJG 42/2019, S. 97 ff. sowie zu den Möglichkeiten der Digitalisierung des Rechts *Anzinger* in Hey, Digitalisierung im Steuerrecht, DStJG 42/2019, S. 27, der hierzu fünf Kategorien entwickelt: 1.) Maschinenlesbares Recht; 2.) Computergestützte Methoden der Rechtsfindung; 3.) Streitbeilegungsmechanismen; 4.) Gestaltungsberatung, Compliance und Gesetzesvollzug; 5.) Digitalisierung der Rechtswissenschaft. Zu Letzterem vgl. auch *Möslein et al.*, JURA 2021, S. 651 ff. sowie im Allgemeinen: *Endres/Mellinghoff*, beck.digitax 2022, S. 366 ff. Beachte auch *Birkholz*, KIR 2024, S. 91 ff.; *Leue/Wilhlmi* in Wörner et al., Digitalisierung des Rechts, 2024, S. 67 ff.; *Thöne*, ZZP 2024, S. 173 ff.; *Wörner et al.* in Wörner et al., Digitalisierung des Rechts, 2024, S. 1 ff. Für eine Betrachtung der Streitvermeidung und -beilegung im internationalen Steuerrecht vgl. *Hendricks/Kern*, IStR 2024, S. 795 ff.

85 Vgl. BVerfG v. 29.03.2017 – 2 BvL 6/11, BStBl. II 2017, S. 1095; *Kirchhof, P.*, StuW 2017, S. 7.

86 Gleichwohl wird durch besondere Typisierung eine Vergröberung der Allgemeinheit erreicht, vgl. *Kirchhof*, StuW 2017, S. 11.

87 Vgl. BVerfG v. 07.12.1999 – 2 BvR 301/98, BStBl. II 2000, S. 166; BVerfG v. 29.03.2017 – 2 BvL 6/11, BStBl. II 2017, S. 1095; *Fertig*, Ubg 2018, S. 523; *Heil/Pupeter*, BB 2017, S. 1951; *Kirchhof, P.*, StuW 2017, S. 10.

Grad der Verallgemeinerung, so ist der Gleichheitssatz[88] verletzt.[89] Vor diesem Hintergrund misst das BVerfG steuerrechtliche Ungleichbehandlung indem es zunächst die Ungleichbehandlung feststellt,[90] um im Anschluss daran den verfassungsrechtlichen Prüfungsmaßstab zur Rechtfertigung einer etwaigen Ungleichbehandlung festzulegen[91] – zu differenzieren ist hierbei zwischen der reinen Willkürprüfung[92], einem hinreichend gewichtigen Sachgrund[93] sowie der strengen Verhältnismäßigkeitsprüfung[94]. Gemessen daran ist letztlich zu beurteilen, ob die Benachteiligung bestimmter Konstellationen im Einzelnen zu rechtfertigen ist.[95]

---

88 *Kirchhof* erkennt im Gleichheitssatz ein Strukturprinzip des Steuerstaates: „Der Gleichheitssatz bestimmt das Gesicht des Steuerstaates." Die Steuer „belastet jedermann je nach seiner finanziellen Leistungsfähigkeit, begünstigt ihn durch die Steuererträge in der Allgemeinheit der Steuerzahler, beteiligt ihn – vermittelt durch das von ihm gewählte Parlament – an der finanzstaatlichen Entwicklung." *Kirchhof, P.*, StuW 2017, S. 15.

89 Vgl. *Kirchhof, P.*, StuW 2017, S. 10 f. Das Einkommensteuergesetz (EStG) begrenzt die Belastungsfolge indem es vom allgemeinen Tatbestand des Menschen – mithin § 1 Abs. 1 Satz 1 EStG: Natürliche Personen (§ 1 BGB), die im Inland einen Wohnsitz oder ihren gewöhnlichen Aufenthalt haben, sind unbeschränkt einkommensteuerpflichtig – den Einkommen erzielenden Menschen herausbildet. Vgl. dazu *Kirchhof, P.*, StuW 2017, S. 10 und dies weiterführend: „Der Gleichheitssatz fordert für die Auswahl dieser Steuerschuldner und für die Ausgestaltung des Steuertatbestandes Wirklichkeitsnähe (Realitätsgerechtigkeit), eine je nach Eigenart des zu regelnden Sachbereichs bemessene Würdigung der tatsächlichen Gleichheit oder Ungleichheit der zu ordnenden Lebensverhältnisse (Sachgerechtigkeit), ein Stück Rationalität (den sachlich rechtfertigenden Grund) und Einsichtigkeit (den sonstwie einleuchtenden Grund), die Nachvollziehbarkeit von Leitgedanke und Ausführung (Folgerichtigkeit) und ein Mindestmaß an Objektivität und Angemessenheit als Auffangtatbestand zur Korrektur anderweitig nicht fassbarer grober Gesetzesfehler („Willkürverbot"). Gesetzlichkeit ist Gleichmäßigkeit."

90 Vgl. dazu exemplarisch BVerfG v. 28.11.2023 – 2 BvL 8/13, DStR 2024, S. 155.

91 Vgl. BVerfG v. 19.11.2019 – 2 BvL 22/14, 2 BvL 23/14, 2 BvL 24/14, 2 BvL 25/14, 2 BvL 26/14, 2 BvL 27/14, DStR 2020, S. 101 Rn. 119–121; BVerfG v. 06.01.2023 – 2 BvR 364/13, NJW 2023, S. 1717 Rn. 116 f.

92 Vgl. BVerfG v. 29.03.2017 – 2 BvL 6/11, BStBl. II 2017, S. 1097 f. Rn. 121 und Rn. 127.

93 Vgl. BVerfG v. 23.06.2015 – 1 BvL 13/11, DStR 2015, S. 1686 Rn. 74.

94 Vgl. BVerfG v. 07.11.2006 – 1 BvL 10/02, NJW 2007, S. 578 f. Rn. 127, 130–132.

95 Vgl. BVerfG v. 08.12.2021 – 2 BvL 1/13, DStR 2022, S. 21 ff. Rn. 69–89 sowie insgesamt *Bleschick* in Wolsztynski/Coenen/Krumm, Steuerrechtsschutz im Wandel der Zeit, 2024, S. 93.

Kernforderung der steuergesetzlichen Gleichheit ist die „Jedermannsallgemeinheit“:[96] „Die Jedermannsgleichheit regelt in der Abstraktheit des Gesetzestatbestandes ohne Ansehen der Person, in Distanz und Unbefangenheit gegenüber dem Betroffenen die für alle gleiche Steuerlast, sichert in dieser Allseitigkeit die Legitimität und Akzeptanz der Steuerlast und damit deren Befolgung.“[97] Gerade aber die Erkenntnis, dass Rechtssetzung stets abstrakt-generell zu erfolgen hat und mehr oder weniger distanziert zum Einzelfall stattfindet, bedeutet zugleich, dass Bestimmtheit und Klarheit immer nur im Rahmen des Möglichen zu gewährleisten sind. Klarheit und formale Gleichmäßigkeit sind also gegenüber der Einzelfallgerechtigkeit abzuwägen.[98] Würde der Gesetzgeber nämlich Normen den Vorzug geben, deren Rechtsfolgen an einfach festzustellenden Äußerlichkeiten gebunden sind – was angesichts seiner Typisierungskompetenz[99] zulässig wäre – würden Rechtsklarheit und die Einfachheit der Rechtsanwendung stärker gewichtet sein, als die Einzelfallgerechtigkeit.[100] Vor diesem Hintergrund ist Unbestimmtheit dahingehend hinzunehmen, soweit sie anhand der inhaltlichen Sachlogik noch zu rechtfertigen ist und nicht allzu weit in ein Extrem ausschlägt.[101] Dies bedeutet zugleich, dass unvermeidbare Auslegungsschwierigkeiten in den

---

96 Vgl. *Kirchhof, P.*, StuW 2017, S. 15.

97 *Kirchhof, P.*, StuW 2017, S. 15. Vgl. zu diesem Abschnitt auch *Kälberer*, Steuerliche Förderung der Energieeffizienz in Deutschland, 2019, S. 69 f.

98 Vgl. *Thiemann*, StuW 2019, S. 296 f.

99 Typisierung meint die normative Zusammenfassung im Wesentlichen gleich gearteter Lebenssachverhalte, vgl. BVerfG v. 08.07.2021 – 1 BvR 2237/14, 1 BvR 2422/17, DStR 2021, S. 1928 Rn. 115. Beispiele aus der jüngeren Zeit sind die mit dem Jahressteuergesetz 2022 (BGBl. I 2022, S. 2294) eingeführten Regelungen zum häuslichen Arbeitszimmer und zur Homeoffice-Pauschale gem. § 4 Abs. 5 Satz 1 Nr. 6b und 6c EStG. Eingehend zur Typisierungsbefugnis des Steuergesetzgebers: *Bleschick* in Wolsztynski/Coenen/Krumm, Steuerrechtsschutz im Wandel der Zeit, 2024, S. 91 ff.

100 Vgl. *Thiemann*, StuW 2019, S. 296.

101 Vgl. BVerfG v. 07.05.2001 – 2 BvK 1/00, NVwZ-RR 2002, S. 91.

Randbereichen von Verfassungswegen hinzunehmen sind.[102] „Erforderlich ist allerdings, dass die von der Norm Betroffenen die Rechtslage erkennen und ihr Verhalten danach einrichten können. Sie müssen in zumutbarer Weise feststellen können, ob die tatsächlichen Voraussetzungen für die Rechtsfolge vorliegen."[103]

In Rückgriff auf die Typisierung sei das Bild des naturwissenschaftlichen Experimentierens aufgezeigt – *Kirchhof* spricht hier von Gedankenversuchen in Mustern:[104] „Auch wenn Verfassungsrecht und gesetzlich gewählte Ordnung weitere Differenzierungen zulassen oder nahe legen, darf der Gesetzgeber bei der Bildung seiner Tatbestände und Rechtsfolgen von weiteren Unterscheidungen absehen. Das gesetzliche Verharren auf einer höheren Abstraktionsebene in Tatbeständen der Sachverhaltstypisierung – wie den sieben Einkunftsarten – oder der zahlenmäßigen Pauschalierung – wie dem progressiven Tarif – ist die gesetzliche(n) Normalität, nicht rechtfertigungsbedürftige Ausnahme."[105] Schlagwort-

---

102 BVerfG v. 18.05.1988 – 2 BvR 579/84, BVerfGE 78, S. 213. In der Folge verstößt ein Gesetz, welches „unbestimmte, der Auslegung und Konkretisierung bedürftige Begriffe verwendet (...) noch nicht gegen den rechtsstaatlichen Grundsatz der Normklarheit und Justiziabilität". BVerfG v. 07.05.2001 – 2 BvK 1/00, NVwZ-RR 2002, S. 91 mit Bezug auf BVerfG v. 23.04.1974 – 1 BvR 6/74, 1 BvR 2270/73, NJW 1974, S. 1500.

103 BVerfG v. 07.05.2001 – 2 BvK 1/00, NVwZ-RR 2002, S. 91 mit Bezug auf BVerfG v. 23.04.1974 – 1 BvR 6/74, 1 BvR 2270/73, NJW 1974, S. 1500. Nachdem das Besteuerungsverfahren im Wesentlichen auf eine nachgängige Beurteilung von bereits verwirklichten Sachverhalten ausgerichtet ist, werfen Rechts- und Planungsunsicherheit besondere Probleme auf, die im Wege des Steuerverfahrensrechts zu adressieren sind. Für Zwecke der Rechtssicherheit im Vorfeld der Disposition hält das Verfahrensrecht das Instrument der verbindlichen Auskunft nach § 89 Abs. 2 AO bereit. Vgl. *Thiemann*, StuW 2019, S. 295 ff.

104 *Vogel* und *Tipke* reflektieren die Steuerrechtswissenschaft als Gerechtigkeitswissenschaft deren Kern eine Rechts- und Wertungslogik immanent ist. Sie sei dadurch freilich keine exakte Wissenschaft und ihre Methoden unterscheiden sich damit zugleich von denen der Naturwissenschaften. Vgl. *Tipke*, Die Steuerrechtsordnung, Bd. 3, 2. Aufl. 2012, S. 1908, 1911; *Vogel*, JZ 1993, S. 1121, 1123 und dazu auch *Anzinger*, StuW 2022, S. 300.

105 *Kirchhof, P.*, StuW 2017, S. 10 f., der dazu weiter ausführt: „Das EStG (Einkommensteuergesetz; Anm. d. Verf.) typisiert den Einkommenszuwachs in der die Geldwirtschaft prägenden Währung, bemisst den Wertverzehr eines Wirtschaftsgutes in einer Regelerwartung (Abschreibungstabellen), vermutet oder unterstellt Sachverhalte in Freibeträgen und Freigrenzen, begründet eine widerlegbare Vermutung im Abgel-

artig findet die Typisierung ihre Rechtfertigung in Praktikabilitätserwägungen der Steuerrechtsanwendung als Massenfallverwaltung und der Sicherung eines gleichmäßigen Gesamtvollzugs.[106] Die gesetzgeberischen Spielräume für Typisierungen und Pauschalierungen enden jedoch sobald die speziellen Diskriminierungsverbote des Art. 3 Abs. 2 und 3 GG betroffen sind.[107]

Freilich ist von dieser Form der Verallgemeinerung, die Vereinfachung gesetzlicher Regelungen als solche zu unterscheiden. Während sich die Allgemeinheit des Gesetzes den Besonderheiten und Individualitäten des Einzelfalls verschließt, soll insbesondere im Massenverfahren der Gesetzesvollzug erleichtert werden.[108] Schließlich soll der nicht steuerrechtskundige Gesetzesadressat überhaupt erst in die Lage versetzt werden, seine nach § 370 AO strafbewehrten Erklärungspflichten sachgerecht nachzugehen.[109] Im Ergebnis fordert der Gleichheitssatz „nicht eine immer mehr individualisierende und spezialisierende Gesetzgebung, die letztlich die Gleichmäßigkeit des Gesetzesvollzugs gefährdet, sondern die Regelung eines allgemein verständlichen und möglichst unausweichlichen Belastungsgrundes."[110] Letzterer fungiert als Bindeglied einer be-

---

tungssteuersatz für Kapitaleinkünfte. Die Umsatzsteuer vermutet die Nachfragekraft des Konsumenten im Kaufpreis des jeweiligen Wirtschaftsgutes, ohne zu prüfen, ob der Steuerträger Umsatzsteuer aus seinem Vermögen, dank eines Darlehens oder der ausgestreckten Hand eines Bettlers bezahlt. Eine Kfz-Steuer erhebt die Verbrauchsteuer nach einem vergröbernd vereinfachenden Maßstab, um die Kosten der Steuererhebung angemessen zu begrenzen. Der Zeitablauf wird im Stichtagsprinzip typisiert." *Kirchhof, P.*, StuW 2017, S. 11.

106 Vgl. *Bleschick* in Wolsztynski/Coenen/Krumm, Steuerrechtsschutz im Wandel der Zeit, 2024, S. 91 und S. 95; *Enders*, Fiskalzwecke im Steuerverfassungsrecht, 2024, S. 50. Beachte auch *Hey* in Tipke/Lang, Steuerrecht, 25. Aufl. 2024, S. 84 f. Rn. 3.23 sowie S. 124 ff. Rn. 3.145 ff.

107 Vgl. *Bleschick* in Wolsztynski/Coenen/Krumm, Steuerrechtsschutz im Wandel der Zeit, 2024, S. 96; BVerfG v. 07.05.2013 – 2 BvR 909/06, 2 BvR 1981/06, 2 BvR 288/07, NJW 2013, S. 2260.

108 Vgl. *Kirchhof, P.*, StuW 2017, S. 11 mit Verweis auf die einschlägige Rechtsprechung; *Wolsztynski/Haferkamp* in Wolsztynski/Coenen/Krumm, Steuerrechtsschutz im Wandel der Zeit, 2024, S. 10.

109 Vgl. BVerfG v. 10.11.1998 – 2 BvR 1057–91, 2 BvR 1226–91, 2 BvR 980–91, NJW 1999, S. 561.

110 BVerfG v. 10.04.1997 – 2 BvL 77/92, NJW 1997, S. 2101.

sonderen Steuerrechtfertigung, indem er die Steuer, ihre Bemessung und Erhebungstechnik sowie deren wirtschaftliche Auswirkungen in sich verklammert. Die allgemeine Steuerrechtfertigung wird auf den Steuergegenstand konkretisiert und liefert Antworten dahingehend, ob ein über Art. 105 Abs. 2a GG hinausgehendes Gleichartigkeitsverbot aufgrund einer mehrfach in Anspruch genommenen Belastungsentscheidung verletzt sein könnte.[111] Folglich bildet der Belastungsgrund – abseits seiner Vielschichtigkeit, die weitere Klärung erfordert – den einheitlichen Oberbegriff (tertium comparationis) für Zwecke der Gleichheitsprüfung.[112]

3.2 Grundsatz der Besteuerung nach der wirtschaftlichen Leistungsfähigkeit

„Die Finanzierung des Staates beansprucht Finanzmittel, die vorhanden sind oder sein sollen, die aber je nach den rechtlichen Vorstellungen über Staat, Wirtschaft und Gesellschaft definiert werden."[113] Insoweit kann zwar davon ausgegangen werden, dass jede Abgabenart die grundrechtliche Freiheit der Bürger verkürzt, gleichzeitig aber die freiheitliche Struktur des Staates als solche finanziert.[114] In dieser Ambivalenz des Steuerstaates wird der öffentlichen Hand gerade von den Grundrechten aufgetragen, sich im Wege der Abgabenlast zu finanzieren, während jene

111 Vgl. *Kirchhof, G.*, DStR 2020, S. 1077; *Valta*, DStR 2023, S. 378 und zum Belastungsgrund in der Grunderwerbsteuer: *Englisch* in Drüen, Immobilien im Steuerrecht, DStJG 44/2022, S. 361 ff. Um die Steuerlast für den Betroffenen berechenbar zu machen und in eine parlamentarische Verantwortung zu bringen, sind der Besteuerungsgegenstand, die Bemessungsgrundlage, die Steuerschuld wie auch der Steuersatz qua Gesetz hinreichend bestimmt festzulegen, vgl. *Kirchhof, P.*, StuW 2002, S. 3.

112 Vgl. *Valta*, DStR 2023, S. 381.

113 *Kirchhof, P.*, StuW 2017, S. 11.

114 Vgl. *Isensee*, StuW 1994, S. 7; *Kirchhof, G.* in Kirchhof/Korte/Magen, Öffentliches Wettbewerbsrecht, 2014, S. 404 Rn. 4; *Kirchhof, P.*, StuW 2018, S. 1218; *Weber-Grellet*, DStR 2018, S. 1400. Die Steuer gilt als Preis der Freiheit, vgl. *Kirchhof, P.* in Isensee/Kirchhof, Handbuch des Staatsrechts der Bundesrepublik Deutschland, Bd. 5, 3. Aufl. 2010, § 118 Rn. 1 ff.; *Kirchhof, P.*, DStR 2021, S. 2762.

Grundrechte sie wiederum zu mäßigen versuchen[115] – die grundrechtliche Schutzpflichten wirken in die Zukunft hinein und erfassen damit zugleich künftige Generationen.[116] Gleichwohl verwundert es nicht, dass seit Anbeginn der modernen Steuerstaatsstruktur das Dilemma einer sozialgestaltenden Umverteilung, bei gleichzeitiger Minimierung der Belastungswirkung zugunsten der Wirtschaft, zu beobachten ist.[117] Bei unterstelltem Finanzbedarf des Staates belastet die Steuer das Geldvermögen oder das in Geld eintauschbare Vermögen des Steuerpflichtigen. Für die steuerliche Geldzahlungsforderung bilden beide Vermögensarten gleichermaßen die ökonomische Grundlage einer individuellen Freiheitsentfaltung und damit Eigentum das gem. Art. 14 GG gewährleistet wird.[118]

Der verfassungsrechtliche Eigentumsschutz umfasst alle rechtlich ausgeformten vermögenswerten Rechtspositionen, die der Berechtigte durch Leistung erworben hat und nach eigenverantwortlicher Entscheidung zu seinem privaten Nutzen ausüben kann."[119] Infolge der Grundrechte wird der Steuerzugriff anhand der finanziellen Leistungsfähigkeit ausgerichtet und im Privateigentum definiert. Der Steuerzugriff verpflichtet den

115 Vgl. *Kirchhof, G.* in Kirchhof/Korte/Magen, Öffentliches Wettbewerbsrecht, 2014, S. 404 Rn. 4. Eine funktionierende Steuerrechtsordnung darf gerade wegen dieses Zielkonflikts nicht in ausschließlicher Weise das Gleichheitspostulat verfolgen, vgl. *Birk/Desens/Tappe*, Steuerrecht, 27. Aufl. 2024, S. 4, Rn. 11.

116 Vgl. *Kersten/Kaupp*, JuS 2022, S. 474. Die Schutzpflicht „kann eine objektivrechtliche Schutzverpflichtung auch in Bezug auf künftige Generationen begründen", BVerfG v. 24.03.2021 – 1 BvR 2656/18, 1 BvR 78/20, 1 BvR 96/20, 1 BvR 288/20, NJW 2021, S. 1723, 1. Leitsatz.

117 Vgl. *Weber-Grellet*, DStR 2018, S. 1400.

118 Vgl. BVerfG v. 08.06.1977, 2 BvR 499/74, 2 BvR 1042/75, BVerfGE 45, S. 179; BVerfG v. 22.05.1979, 1 BvL 9/75, BVerfGE 51, S. 216 ff.; BVerfG v. 19.06.1985, 1 BvL 57/79, BVerfGE 70, S. 199; BVerfG v. 08.10.1985, 1 BvL 17/83, 1 BvL 19/83, BVerfGE 70, S. 286; BVerfG v. 08.03.1988, 1 BvR 1092/84, BVerfGE 78, S. 71; BVerfG v. 30.11.1988, 1 BvR 1301/84, BVerfGE 79, S. 191; BVerfG v. 09.01.1991, 1 BvR 929/89, BVerfGE 83, S. 209; BVerfG v. 26.05.1993, 1 BvR 208/93, BVerfGE 89, S. 6. Vgl. hierzu auch *Kirchhof, P.*, StuW 2017, S. 6 sowie zu dem gesamten Abschnitt: *Kälberer*, Steuerliche Förderung der Energieeffizienz in Deutschland, 2019, S. 62 f.

119 *Kirchhof, P.*, StuW 2017, S. 6.

Eigentümer und verschont den Nichteigentümer.[120] Bezugspunkt bildet dabei die natürliche Person, welche zum originären Subjekt der Leistungsfähigkeit wird und auf deren individuelle Zahlungsfähigkeit abgestellt wird. Als Vergleichsmaßstab wird der allgemeine Gleichheitssatz dahingehend modifiziert, dass nicht Personen, sondern Personen in ihrer Leistungsfähigkeit verglichen werden. Folgerichtig ist die natürliche Person Bezugspunkt für den Gleichklang aus Leistungsfähigkeit, Steuergerechtigkeit und Steuergleichheit.[121] Diese Erkenntnis korrespondiert zugleich mit der finanzwissenschaftlichen Betrachtung steuerlicher Lastentragung, die den Menschen in den Mittelpunkt rückt, der von individuellen Wohlfahrtseinbußen bzw. Einschränkungen seines Bedürfnisbefriedigungspotenzials betroffen ist.[122]

In einer ersten Annäherung ist Leistungsfähigkeit als Zahlungsfähigkeit zu verstehen und besagt in den Bindungswirkungen zu Art. 3 und 14 GG, dass „eine individuell bemessene Steuerlast (Personensteuer) ein privatnütziges Wirtschaftsgut (Steuergegenstand) so zu belasten hat, daß der Ertrag dieses Gutes zur Steuerzahlung befähigt, dabei aber die Substanz des Gutes nicht vermindert wird und der Ertrag auch nach Besteuerung von privatem Nutzen bleibt (Bemessungsgrundlage)."[123] Vor diesem Hintergrund hat das BVerfG seit jeher das in Art. 3 Abs. 1 GG verortete Gebot der Steuergerechtigkeit mit dem Leistungsfähigkeitsprinzip konkretisiert.[124] Es bildet ein normativ, verfassungsrechtlich verankertes Prinzip, welches im parlamentarisch-demokratischen Ringen keineswegs darauf zu reduzieren ist, dass „bei vermehrter Leistungsfähigkeit

---

120 Vgl. *Kälberer*, Steuerliche Förderung der Energieeffizienz in Deutschland, 2019, S. 63; *Kirchhof, P.*, StuW 2017, S. 6.

121 Vgl. *Palm* in Desens, Transparente Besteuerung und Steuersubjektivität, DStJG 46/2024, S. 54 m. w. N.

122 Vgl. *Englisch* in Wolsztynski/Coenen/Krumm, Steuerrechtsschutz im Wandel der Zeit, 2024, S. 109 und dazu ausführlich – insbesondere zur sog. Opfertheorie: *Birk*, Das Leistungsfähigkeitsprinzip als Maßstab der Steuernormen, S. 23 ff.

123 Vgl. *Kirchhof, P.*, StuW 1985, S. 323 (auch direktes Zitat); *Palm* in Desens, Transparente Besteuerung und Steuersubjektivität, DStJG 46/2024, S. 54 f. m. w. N.

124 Vgl. *Kirchhof, P.*, StuW 1985, S. 323; *Palm* in Desens, Transparente Besteuerung und Steuersubjektivität, DStJG 46/2024, S. 54.

mehr zu holen ist und dieser Zugriff der Mehrheit plausibel erscheint".[125] Dies gilt umso mehr, da mit dem Besteuerungsverfahren der Übergang „von der Ebene des rechtlichen Sollens auf die Ebene des rechtlichen Seins" geleistet wird.[126] Insoweit hat das Steuerrecht nicht nur die Rechtsetzungsgleichheit, sondern auch die Gleichheit in der Rechtsanwendung zu gewährleisten.[127] „Denn erst in der Gleichheit der Lastenzuteilung gewinnt der in den Steuergesetzen liegende Eingriff in die Vermögens- und Rechtssphäre der Steuerpflichtigen seine Rechtfertigung; gelingt jene nicht, hat der steuerliche Zugriff zu unterbleiben."[128] Im Ergebnis ist der Gleichheitsgrundsatz als „die wichtigste grundrechtliche Vorgabe für das Steuerrecht" anzusehen;[129] er bindet den Gesetzgeber „an den Grundsatz der Steuergerechtigkeit und das Gebot, die Besteuerung an der wirtschaftlichen Leistungsfähigkeit auszurichten".[130] Das Leistungsfähig-

---

125 Vgl. *Kirchhof, P.*, StuW 1985, S. 323 (auch direktes Zitat) und dazu grundlegend: *Birk*, Das Leistungsfähigkeitsprinzip als Maßstab der Steuernormen, 1983, S. 50 f.; *Birk*, StuW 1983, S. 293 ff.; *Franke*, StuW 1984, S. 32 ff. „Das Leistungsfähigkeitsprinzip wäre allerdings verfehlter Legitimationsbegriff und nicht Verfassungsrechtssatz, wenn er – auf eingängige Unbestimmtheit angelegt – lediglich den Realvorgang faktischer Gewalt glorifizieren und eine als Anomalie verstandene Ungleichheit einebnen wollte." *Kirchhof, P.*, StuW 1985, S. 323.

126 Vgl. *Müller-Franken*, StuW 2018, S. 113 (auch direktes Zitat). „Es ist das Besteuerungsverfahren, in dem die Normen des Steuerrechts angewendet und das heißt durch rechtsförmliche Feststellungen von Geldzahlungspflichten konkreter Steuerpflichtiger und deren Erhebung (§§ 218 ff. AO) verwirklicht werden." *Müller-Franken*, StuW 2018, S. 113.

127 Vgl. *Müller-Franken*, StuW 2018, S. 113.

128 *Müller-Franken*, StuW 2018, S. 113 f. m. w. N. „Das Leistungsfähigkeitsprinzip ist deshalb ein Besteuerungsmaßstab, der nicht nur Belastungswirkungen in die Grenzen einzelner Grundrechte verweist, sondern als gesetzgebungs- und auslegungsanleitende Maxime von Verfassungsrang gilt. Art. 105 GG verpflichtet den Gesetzgeber zur Besteuerung. Art. 14 Abs. 1 S. 2 GG verpflichtet zur steuergesetzlichen Ausprägung der Eigentumsinhalte und Schranken. In diesem Geltungsgrund enthält das Leistungsfähigkeitsprinzip einen Verfassungsauftrag zur individualisierend bemessenen, eigentums- und gleichheitskonformen Besteuerung." *Kirchhof, P.*, StuW 1985, S. 323 (im Original teilweise kursiv; Anm. d. Verf.).

129 *Kempny*, StuW 2014, S. 196.

130 BVerfG v. 19.11.2019 – 2 BvL 22/14, 2 BvL 23/14, 2 BvL 24/14, 2 BvL 25/14, 2 BvL 26/14, 2 BvL 27/14, DStR 2020, S. 97. Eingehend zum Grundsatz der Besteuerung nach der wirtschaftlichen Leistungsfähigkeit – nicht zuletzt mit Blick auf die lenkende Wirkung des Steuereingriffs: *Kälberer*, Steuerliche Förderung der Energieeffizienz in Deutschland, 2019, S. 134 ff.

keitsprinzip steht dabei „unzweifelhaft an der Spitze der die Steuergerechtigkeit gestaltenden Prinzipien" und wird mittels teleologischer Auslegung[131] aus Art. 3 Abs. 1 GG abstrahiert.[132] Insoweit ist es auch als Fundamentalprinzip der Besteuerung anzusehen, welches „das Steuerrecht zu einer eigenständigen systematisch-teleologischen Sinneinheit mit einer spezifischen, systemabhängigen Terminologie und damit zu einem selbständigen Rechtszweig" macht.[133]Das Leistungsfähigkeitsprinzip ist mit einem parlamentarischen Wertungsspielraum ausgestattet und meint nichts anderes, als die Besteuerung anhand der individuellen Befähigung zur Lastentragung in einer konstituierten Verantwortungsgemeinschaft.[134] Da Solidarität zunächst nur zwischen einander verbundenen Menschen vorzufinden ist, sind die gesellschaftlichen Ausprägungen in einen Rechtsgrundsatz zu transformieren. Dies geschieht im Wege des Sozialstaatsprinzips, „um die staatliche Organisation von wechselseitiger Unterstützung und Beistandspflichten in größeren, von persönli-

131 Zu den Maßstäben und Legitimationen der auf Auslegung beruhenden Urteilsfindung des BFH: *Weber-Grellet*, DStR 2023, S. 1858 ff.

132 Vgl. *Arndt*, NVwZ 1988, S. 791; *Lang*, StuW 2013, S. 58 (direktes Zitat); *Schmitt*, StuW 2018, S. 147; *Söllner*, Wirtschaftsdienst 2018, S. 412. Vgl. hierzu auch *Kempny*, StuW 2021, S. 85. Die Finanzbehörden haben die Steuern nach Maßgabe der Gesetze gleichmäßig festzusetzen und zu erheben (§ 85 AO). Dies verlangt der Gleichheitssatz. Vgl. *Tipke*, StuW 1988, S. 270. Der Grundsatz der Besteuerung nach der Leistungsfähigkeit gilt nach wohl herrschender Meinung nicht nur für natürliche Personen, sondern auch für Körperschaften (juristische Personen), vgl. *Schmitt*, StuW 2018, S. 147 f. m. w. N. sowie diesen Diskus bereichernd: *Palm* in Desens, Transparente Besteuerung und Steuersubjektivität, DStJG 46/2024, S. 49 ff.

133 Vgl. *Tipke*, JZ 1975, S. 559 (auch direktes Zitat) und dazu auch *Gölz-Kälberer/Kälberer*, Besteuerung der Einkünfte aus nichtselbstständiger Arbeit, 2021, S. 7. Das Leistungsfähigkeitsprinzip wird durch das finanzwissenschaftlich fundierte Äquivalenzprinzip komplementär ergänzt und findet dadurch eine Art Pendant. Vgl. *Bach*, StuW 1991, S. 117; *Hey* in Tipke/Lang, Steuerrecht, 25. Aufl. 2024, S. 89 f. Rn. 3.44; *Lang*, StuW 2011, S. 147; *Lang*, StuW 2016, S. 105. Beachte zudem *Hansjürgens*, Äquivalenzprinzip und Staatsfinanzierung, 2001, S. 17 ff.; *Kälberer*, Steuerliche Förderung der Energieeffizienz in Deutschland, 2019, S. 142 ff.

134 Vgl. BVerfG v. 29.03.2017 – 2 BvL 6/11, BStBl. II 2017, S. 1095; *Englisch* in Wolsztynski/Coenen/Krumm, Steuerrechtsschutz im Wandel der Zeit, 2024, S. 108; *Fertig*, Ubg 2018, S. 523; *Kirchhof, F.*, BB 2017, S. 662; *Lammers*, DStZ 2018, S. 868.

chen Beziehungen losgelösten Verbänden" zu legitimieren.[135] Das sozialstaatliche Solidarprinzip bleibt jedoch weiterhin dem zwischenmenschlichen Ausgleich verbunden und ist für Zwecke der Besteuerung nach der individuellen Leistungsfähigkeit bzw. dem Gebot solidarischer Lastentragung nutzbar zu machen.[136] „Gleichheitssatzkonform, weil leistungsfähigkeitsgerecht, weil solidarische Lastentragung gewährleistend ist darum eine Besteuerung von Einkommen, die eine gleichmäßige Belastung aller derjenigen Individuen sicherstellt, die der nach sachgerechten Kriterien abgegrenzten steuerlichen Solidargemeinschaft zugehörig sind, und zwar entsprechend ihrer periodisch erzielten Vermögenszuwächse."[137] Ist ein Steuergesetz am Maßstab des Art. 3 Abs. 1 GG zu prüfen, ist zwischen vertikaler und horizontaler Steuergerechtigkeit zu unterscheiden:[138] In vertikaler Richtung muss „die Besteuerung höherer Einkommen im Vergleich mit der Steuerbelastung niedriger Einkommen dem Gerechtigkeitsgebot genügen"; man spricht deshalb von vertikaler Steuergerechtigkeit. Dagegen ist in horizontaler Richtung darauf abzustellen, dass „Steuerpflichtige bei gleicher Leistungsfähigkeit auch gleich hoch" besteuert werden.[139] In der Diskussion um die leitenden Prinzipien des Steuerrechts sticht also das Leistungsfähigkeitsprinzip besonders hervor;

---

135 Vgl. BVerfG v. 15.01.2014 – 1 BvR 1656/09, DStR 2014, S. 422; *Englisch* in Wolsztynski/Coenen/Krumm, Steuerrechtsschutz im Wandel der Zeit, 2024, S. 108 m. w. N. (auch direktes Zitat). Das Sozialstaatsprinzip ist Ausfluss des Art. 20 Abs. 1 GG und Art. 28 Abs. 1 Satz 1 GG; es ist unmittelbar geltendes Recht. Vgl. *Jarass* in Jarass/Pieroth, GG, 18. Aufl. 2024, Rn. 153 ff. zu Art. 20 GG.

136 Vgl. *Englisch* in Wolsztynski/Coenen/Krumm, Steuerrechtsschutz im Wandel der Zeit, 2024, S. 108 f.

137 *Englisch* in Wolsztynski/Coenen/Krumm, Steuerrechtsschutz im Wandel der Zeit, 2024, S. 109.

138 Vgl. BVerfG v. 29.05.1990 – 1 BvL 20/84, 1 BvL 26/84, 1 BvL 4/86, BStBl. II 1990, S. 659; BVerfG v. 19.11.2019 – 2 BvL 22/14, 2 BvL 23/14, 2 BvL 24/14, 2 BvL 25/14, 2 BvL 26/14, 2 BvL 27/14, DStR 2020, S. 98. Vgl. hierzu auch *Birk*, Das Leistungsfähigkeitsprinzip als Maßstab der Steuernormen, 1983, S. 165; *Birk*, Finanzierungszwecke und Lenkungszwecke in einem verfassungsmäßigen Steuersystem, 2001, S. 69 f.; *Desens*, StuW 2016, S. 242 f.; *Schreiber/Kahle/Ruf*, Besteuerung der Unternehmen, 5. Aufl. 2021, S. 11; *Wendt* in Groll, Verluste im Steuerrecht, DStJG 28/2005, S. 43.

139 Vgl. BFH v. 07.06.2024 – VIII B 113/23 (AdV), DStR 2024, S. 1479; BVerfG v. 19.11.2019 – 2 BvL 22/14, 2 BvL 23/14, 2 BvL 24/14, 2 BvL 25/14, 2 BvL 26/14, 2 BvL 27/14, DStR 2020, S. 98; BVerfG v. 28.11.2023 – 2 BvL 8/13, DStR 2024, S. 164.

auch wenn letzten Endes fraglich erscheint, was genau unter Leistungsfähigkeit zu verstehen ist.[140]

3.3 Digitalisierung des Steuerrechts als verfassungsrechtlicher Auftrag

3.3.1 Rechtsschutz und Rechtsvertrauen als Freiheitsvoraussetzung *comme il faut*

Der Staat ist der Gesellschaft nicht übergeordnet, sondern ihr funktioneller Teil.[141] Vornehmste Aufgabe eines Rechtsstaates sollte es deshalb sein, für gerechte Regeln zu sorgen und sie durchzusetzen.[142] Dabei wird „die Befolgbarkeit *und* Vorhersehbarkeit des Steuereingriffs" durch die permanente Änderung bestehender Gesetze sowie ihre Unverständlichkeit gefährdet.[143] Auch wenn in der Anpassungsnotwendigkeit und -fähigkeit ein Urphänomen der Besteuerung zu sehen ist, wird das Steuerrecht doch als „Produkt der Unkenntnis" wahrgenommen, welches in gewisser Weise eine innere Legitimität und Stabilität vermissen lässt;[144] von „Steuerchaos", „Einkommensteuerwirrwarr" und einem „Dschun-

140 Vgl. *Gölz-Kälberer/Kälberer*, Besteuerung der Einkünfte aus nichtselbstständiger Arbeit, 2021, S. 7; *Niemann/Schreiber*, ZfbF 2020, S. 3; *Schön*, StuW 2018, S. 203. Zum neueren Stand der Literatur (Auswahl): *Dapprich*, StuW 2023, S. 129 ff.; *Desens*, FR 2022, S. 681 ff.; *Enders*, Fiskalzwecke im Steuerverfassungsrecht, 2024, S. 64 ff.; *Hongler* in Schön/Stark, Zukunftsfragen des Steuerrechts IV, 2022, S. 157 ff.; *Horstmann*, IStR 2022, S. 349 ff.; *Kempny*, StuW 2021, S. 85 ff.; *Kirchhof, P.*, StuW 2021, S. 191 ff.; *Kraft/Kockrow*, IStR 2022, S. 60 ff.; *Kraft/Kockrow*, IStR 2022, S. 353 ff.; *Schmitt*, StuW 2018, S. 147 ff.; *Schomaker*, Steuerbarkeit von Stipendien und Preisen, 2024, S. 15 ff.; *Siegel*, DStR 2023, S. 1617 ff.; *Thiemann* in Schön/Stark, Zukunftsfragen des Steuerrechts IV, 2022, S. 87 ff.; *Waldhoff*, DStR 2023, S. 381 ff.

141 Vgl. *Weber-Grellet*, DStR 2018, S. 1399. Für eine Betrachtung des Leistungsfähigkeitsprinzips im österreichischen Steuerrecht beachte *Sumper*, Besteuerung als Grundlage für Demokratie und Rechtsstaat, 2023, S. 116 ff.

142 Vgl. *Tipke*, Die Steuerrechtsordnung, Bd. 1, 2. Aufl. 2000, S. 239.

143 Vgl. *Hey*, StuW 2019, S. 3 (auch direktes Zitat).

144 Vgl. *Drüen* in Hey, Digitalisierung im Steuerrecht, DStJG 42/2019, S. 1; Schön, StuW 2013, S. 289.

gel" ist die Rede.[145] Dieser Umstand erhält besondere Relevanz, da nach § 42 Abs. 5 Satz 1 der Gemeinsamen Geschäftsordnung der Bundesministerien (GGO) Gesetzentwürfe sprachlich richtig und möglichst für jedermann verständlich gefasst sein müssen. Der Gesetzgeber ist deshalb angehalten leicht verständliche, d. h. kognitiv schnell erfassbare und eindeutig anwendbare Gesetze zu verfassen.[146] Wer Rechtsvorschriften formuliert, muss nach den Empfehlungen zur Gestaltung von Rechtsvorschriften i. S. d. § 42 Abs. 4 GGO „darum ringen, sie sprachlich so genau zu fassen, wie es nach der Eigenart der zu ordnenden Lebenssachverhalte mit Rücksicht auf den Normzweck möglich ist. Die Betroffenen sollen auf Grund der gesetzlichen Regelung in der Lage sein, den rechtlichen Rahmen ohne juristische Beratung zu erkennen und ihr Verhalten entsprechend auszurichten. Gerichte sollen anhand der Regelung entscheiden können."[147] Schließlich sollen die Grenzen von Verwaltungshandeln „nach Inhalt, Zweck und Ausmaß erkennbar sein. Insofern besteht eine enge Beziehung zum (inhaltsbezogenen) verfassungsrechtlichen Bestimmtheitsgebot (...); nur eine klare Gesetzessprache schafft Normenklarheit. Gesetze, die sich nur ‚mit subtiler Sachkenntnis, außerordentlichen methodischen Fähigkeiten und einer gewissen Lust zum Lösen von Denksport-Aufgaben'[148] erschließen, erfüllen diese Ansprüche nicht."[149] Auch eine jede interne und externe Interdependenz ist dahingehend zu prüfen, ob sie nicht auch direkt in der Rechtsnorm zum Ausdruck gebracht werden kann.[150] Vor diesem Hintergrund versteht man unter interner Interdependenz die Abhängigkeit innerhalb einer Rechtsnorm,

---

145 Vgl. *Hey*, StuW 2019, S. 3; *Hey* in Tipke/Lang, Steuerrecht, 25. Aufl. 2024, S. 76 Rn. 3.1; *Tipke*, StuW 2014, S. 278 und dazu insgesamt auch *Gölz-Kälberer/Kälberer*, Besteuerung der Einkünfte aus nichtselbstständiger Arbeit, 2021, S. 1.

146 Vgl. *Maier/Schanz/Sixt*, DStR 2022, S. 1566.

147 *BMJ* (Hrsg.), Handbuch der Rechtsförmlichkeit, 3. Aufl. 2008, S. 33 Rn. 54.

148 Österreichisches Verfassungsgericht v. 29.06.1990 – G 81/82/90 u. a., Sammlung 12420/1990 zitiert nach BFH v. 06.09.2006 – XI R 26/04, DStR 2006, S. 2024 und auch *Kanzler*, FR 2003, S. 665 sowie *Sumper*, Besteuerung als Grundlage für Demokratie und Rechtsstaat, 2023, S. 188 f.

149 *BMJ* (Hrsg.), Handbuch der Rechtsförmlichkeit, 3. Aufl. 2008, S. 33 Rn. 54. Vgl. dazu auch *Lammel*, NZM 2015, S. 326.

150 Vgl. *Maier/Schanz/Sixt*, DStR 2022, S. 1568.

wohingegen die externe Interdependenz die Abhängigkeit zwischen verschiedenen Rechtsnormen begreift.[151] Hinzu tritt die Dichte einer Norm sowie die Verwendung unbestimmter Rechtsbegriffe wie etwa „unangemessen" (§ 4 Abs. 5 Nr. 7 EStG), „nachhaltig" (§ 15 Abs. 2 EStG) oder „außergewöhnlich" (§ 33 Abs. 1 EStG), denen eine verständlichkeitserschwerende Wirkung beigemessen wird.[152] Im Ergebnis nehmen 1.) die skalierte Länge, 2.) die externe Interdependenzen, 3.) die Dichte sowie 4.) der Rückgriff auf unbestimmte Rechtsbegriffe Einfluss auf die Unverständlichkeit einer Rechtsnorm; letzteres trägt zugleich zu deren Konflikthaltigkeit bei, was insbesondere für die Digitalisierung des Rechts von Bedeutung ist.[153] Dies ist damit zu begründen, da für eine algorithmenbasierte Anwendung eindeutige Rechtsnormen notwendig sind. Der automatisierte Gesetzesvollzug scheitert jedoch an logischen, für den Algorithmus berechenbaren Regelungen, soweit einzelfallbezogene Bewertungen aufgrund bestehender Auslegungs- und Ermessenspielräume erforderlich werden.[154]

Erschwerend kommt hinzu, dass (Steuer-)Gesetze stets einen Mangel in sich tragen – nicht etwa weil sie originär mangelhaft sind, sondern weil gegenüber der von den Gesetzen angedachten Ordnung, die menschliche Wirklichkeit notwendigerweise mangelhaft bleibt.[155] Die *Larenz*'sche Methodenlehre spricht deshalb von einer sog. Wertungsjurisprudenz[156],

---

151 Vgl. *Maier/Schanz/Sixt*, DStR 2022, S. 1567 f.

152 Vgl. *Maier/Schanz/Sixt*, DStR 2022, S. 1568.

153 Vgl. *Maier/Schanz/Sixt*, DStR 2022, S. 1574.

154 Vgl. *Maier/Schanz/Sixt*, DStR 2022, S. 1574 f., die zugleich darauf hinweisen, dass ein vollständig automatisierter Steuervollzug nur dann möglich erscheint, soweit das Gesetz jeden denkbaren Einzelfall regelt, auf objektivierenden Normen beruht oder sich vermehrt auf Pauschalierungen stützt, was wiederum Maßregelungen zur Folge hätte. Beachte zudem *Kirchhof, G.*, Austrian Law Journal 2/2017, S. 125 ff.; *Kirchhof, P.*, DStR 2018, S. 498; *Mellinghoff* in Drüen/Hey/Mellinghoff, 100 Jahre Steuerrechtsprechung in Deutschland 1918–2018, Bd. 1, 2018, S. 426; *Ruß/Ismer/Margolf*, DStR 2019, S. 414.

155 Vgl. *Gadamer*, Wahrheit und Methode, 7. Aufl. 2010, S. 324; *Weber-Grellet*, DStR 2023, S. 1860.

156 Der Begriff der Wertungsjurisprudenz wurde maßgeblich von *Westermann* geprägt, vgl. *Weber-Grellet*, DStR 2023, S. 1860 m. w. N. und dazu *Westermann*, Wesen und Grenzen der richterlichen Streitentscheidung im Zivilrecht, 1955, S. 15; *Westermann*, Person und Persönlichkeit als Wert im Zivilrecht, 1957, S. 6.

die basierend auf der Hermeneutik *Gadamers*, in ethischer Verantwortung Entscheidungen zu fällen hat, die in den Gesetzen nicht restlos vorprogrammiert sind.[157] In diesem Zusammenhang ist nach Maßgabe der modernen Methodenlehre der Gesetzeswortlaut lediglich als eines der Kriterien zur Gesetzesauslegung heranzuziehen. Um den vom Gesetzgeber antizipierten Gesetzeszweck zu verwirklichen sind die Lücken des Gesetzeswortlauts anhand teleologischer Methoden auszufüllen.[158] Im Vordergrund steht letztlich der sich aus dem Wortlaut der Gesetzesbestimmung und dem Sinnzusammenhang ergebende objektivierte Wille des Gesetzgebers.[159] Die technisch orientierte Methodenlehre bietet insoweit das Gerüst für einen auf Wertungen und Abwägungen beruhenden argumentativen Prozess, dessen inhaltliche Bestimmung sich aus der Verfassung, den allgemeinen Rechtsgrundsätzen und aus den Leitgedanken des Rechts ergibt.[160] Vor diesem Hintergrund liegen den systemtragenden Prinzipien des Steuerrechts rechtsethische Wertungen zu Grunde, die unabhängig von der konkreten Gesetzesausgestaltung gültig sind.[161] Sowohl der Gleichheitsgrundsatz als auch das Legalitätsprinzip,[162] das Übermaßverbot sowie das Sozialstaatsprinzip sind aus der

---

157 Vgl. *Weber-Grellet*, DStR 2023, S. 1860.

158 Vgl. *Lang*, StuW 2016, S. 102. Zur den juristischen Auslegungsmethoden im Steuerrecht beachte auch *Meßerschmidt/Ojak*, DStR 2023, S. 289 ff. sowie im Allgemeinen u. a. *Augsberg*, JZ 2024, S. 157 ff.; *Kramer/Arnet*, Juristische Methodenlehre, 7. Aufl. 2024, S. 1 ff.; *Möllers*, Juristische Methodenlehre, 5. Aufl. 2023, S. 1 ff.

159 Vgl. *Kälberer*, Steuerliche Förderung der Energieeffizienz in Deutschland, 2019, S. 152 f. m. w. N. wie etwa BFH v. 25.09.2013 – XI R 41/12, BStBl. II 2014, S. 138 oder BVerfG v. 18.10.1966 – 2 BvR 386/63, 2 BvR 478/63, NJW 1967, S. 292 m. w. N.

160 Vgl. *Weber-Grellet*, DStR 2023, S. 1860. Im Hinblick auf die inhaltlichen Grundsätze in der Urteilsfindung beruft sich der BFH „auf Art. 3 Abs. 1 GG (Gleichheitssatz), auf den Grundsatz der Steuergerechtigkeit, auf das Gebot steuerlicher Lastengleichheit, auf das Gebot der Besteuerung nach der wirtschaftlichen und finanziellen Leistungsfähigkeit, auf die Berechtigung, außerfiskalische Förderungs- und Lenkungsziele zu verfolgen, auf das Gebot der Folgerichtigkeit, auf den Grundsatz der Verhältnismäßigkeit, auf das objektive und subjektive Nettoprinzip" sowie auf das Prinzip der sog. intertemporalen Korrespondenz. *Weber-Grellet*, DStR 2023, S. 1861.

161 Vgl. *Hey* in Tipke/Lang, Steuerrecht, 25. Aufl. 2024, S. 81 Rn. 3.13.

162 Nullum tributum sine lege – keine Steuer ohne Gesetz, vgl. *Lang*, StuW 2016, S. 104.

Wertordnung des Grundgesetzes abgeleitet.[163] Während das Legalitätsprinzip neben Rechtssicherheit auch die demokratische Legitimation des Steuergesetzes gewährleisten soll, leistet der Gleichheitssatz im Rahmen des Richterrechts einen besonderen Beitrag zur Gerechtigkeit.[164] In diesem Verständnis steht auch die Urteilsfindung des BFH, der von einem eher „positivistisch-legalistisch“ geprägtem Rechtsverständnis zu einer mehr teleologisch inspirierten Betrachtungsweise übergegangen ist.[165]
Die Qualität der Rechtsprechung zeigt sich jedoch nicht nur in der richtigen Auslegungsmethode, sondern auch in einem ebenso angemessenen Verfahren, was mithin in einem ausführlichen Rechtsgespräch oder dem Erlass eines Gerichtsbescheides nach § 90a FGO zum Ausdruck kommt.[166] Schließlich ist das Vertrauen des Bürgers im Steuerrecht „von besonderer Bedeutung und zugleich besonders gefährdet“[167] – nur Transparenz schafft Akzeptanz.[168] Dies gilt umso mehr, da das Steuerrecht als wirkungsvolles Eingriffsrecht nicht nur freiheitserheblich, sondern auch wichtige Planungsgrundlage für ökonomische und private Gestaltungen ist. Und so gewinnt nur die stetige Rechtsordnung Vertrauen und erfährt als Grundlage eines freiheitlichen Miteinanders Geltung, d. h. die Verlässlichkeit der Rechtsordnung – ihre Vertrauenswürdigkeit –

---

163 Vgl. *Hey* in Tipke/Lang, Steuerrecht, 25. Aufl. 2024, S. 81 Rn. 3.13.

164 Vgl. *Lang*, StuW 2016, S. 103 f. und dazu auch Vgl. *Kälberer*, Steuerliche Förderung der Energieeffizienz in Deutschland, 2019, S. 153 m. w. N.

165 Vgl *Weber-Grellet*, DStR 2023, S. 1861. Teleologische Reduktion meint indes nicht, eine bewusst getroffene Entscheidung des Gesetzgebers aufzuheben. Schließlich darf die richterliche Rechtsfindung das gesetzgeberische Ziel einer Norm keinesfalls „darf richterliche Rechtsfindung das gesetzgeberische Ziel der Norm in einem wesentlichen Punkt verfehlen oder verfälschen oder an die Stelle der Regelungskonzeption des Gesetzgebers gar eine eigene treten lassen“, BVerfG v. 28.11.2023 – 2 BvL 8/13, DStR 2024, S. 161 m. w. N.; *Krumm*, DStR 2024, S. 1900.

166 Vgl. *Weber-Grellet*, DStR 2023, S. 1861.

167 Vgl. *Kube*, StuW 2023, S. 19 (auch direktes Zitat). Beachte auch Vgl. *Wolsztynski/Haferkamp* in Wolsztynski/Coenen/Krumm, Steuerrechtsschutz im Wandel der Zeit, 2024, S. 5 f.

168 Vgl. *Wolsztynski/Haferkamp* in Wolsztynski/Coenen/Krumm, Steuerrechtsschutz im Wandel der Zeit, 2024, S. 33 f.

ist als wesentliche Freiheitsvoraussetzung zu betonen.[169] „Wichtigstes Instrument zur Sicherung dauerhafter Regeln und Maßstäbe ist im gewaltengegliederten Staat an erste Stelle das allgemeine Gesetz, das – gemäß den Grundsätzen des Gesetzesvorbehalts und des Gesetzesvorrangs, die ihrerseits die Vorherigkeit des Gesetzes verdeutlichen – in abstrakter Tatbestandsbildung vorausstrukturiert und dadurch Planungssicherheit vermittelt."[170] Der Verwaltung obliegt schließlich der gegenwarts- und einzelfallgerechte (Steuer-)Vollzug, wohingegen die letztverbindliche Normauslegung den Gerichten zusteht.[171] Beiden Spähern ist jedoch gemein, dass sie angesichts eines (zeitintensiven) Transformationsprozesses, stetig steigender Fallzahlen, demographischen Zukunftslasten und einem sich stark wandelnden Wirtschaftsleben vielschichtigen Herausforderungen gegenüberstehen.[172] Und so verwundert

---

169 Vgl. *Kirchhof, P.*, StuW 2021, S. 192; *Kirchhof, P.* in Pezzer, Vertrauensschutz im Steuerrecht, DStJG 27/2004, S. 1; *Kube*, StuW 2023, S. 18. Die Verlässlichkeit der Rechtsordnung verlangt nicht den vollständigen Verzicht auf die Gesetzesrückwirkung soweit eine substanzielle Dogmatik sie verfassungsrechtlich anleitet und in ihre Schranken weist. Dies gilt nicht zuletzt deshalb, da für den Fall der Nichtanwendungsgesetze mithin ein kontinuitätswahrender (vertrauensschützender) Anspruch erhoben wird. Vgl. *Kube*, StuW 2023, S. 18 ff. Zum Rückwirkungsverbot als steuerverfassungsrechtliche Vorgabe unter besonderer Würdigung des allgemeinen Fiskalzwecks: *Enders*, Fiskalzwecke im Steuerverfassungsrecht, 2024, S. 93 ff.

170 *Kube*, StuW 2023, S. 19.

171 Vgl. *Kube*, StuW 2023, S. 19.

172 Vgl. *Hermann*, RDi 2024, S. 371 ff.; *Hundertmark/Meller-Hannich*, RDi 2023, S. 317 ff.; *Peuthert*, beck.digitax 2024, S. 2 ff.; *Schmidt*, Das digitale Besteuerungsverfahren, 2024, S. 9 Rn. 6. Während in der Finanzverwaltung stetig steigende Fallzahlen die originäre Auftragserfüllung erschweren, verzeichnet die Finanzgerichtsbarkeit seit geraumer Zeit rückläufige Eingangszahlen. Dieser Trend erfasst nicht nur die Fachgerichtsbarkeit, sondern auch die ordentlichen Gerichte, weshalb von einem fortschreitenden „Bedeutungsverlust" der Justiz gesprochen wird – es entsteht ein rechtsstaatliches Defizit. Vgl. *Kilian*, NJW 2017, S. 3047 und *Wolsztynski/Haferkamp* in Wolsztynski/Coenen/Krumm, Steuerrechtsschutz im Wandel der Zeit, 2024, S. 6 ff., die als Gründe für die rückläufigen Eingangszahlen 1.) die Kosten der Rechtsverfolgung, 2.) die Arbeitsweise der Finanzverwaltung, 3.) die zunehmende Pauschalierung und Typisierung durch den Gesetzgeber sowie 4.) den Rückgriff auf konkurrierende Streitbeilegungsformen bzw. Prozessvermeidungsstrategien sehen. In der Folge wird ein Perspektiv- und Paradigmenwechsel im Sinne eines modernen Steuerrechtsschutzes gefordert. Beachte auch *Birk*, DStR 2018, S. 1 ff.; *Kulosa* in Drüen/Hey/Mellinghoff, 100 Jahre Steuerrechtsprechung in Deutschland 1918–2018, Bd. 2, 2018, S. 1831 ff.

es nicht, dass das Besteuerungsverfahren nicht mehr allein an den Grundsätzen der Gleichmäßigkeit und Gesetzmäßigkeit ausgerichtet wird, sondern Zunehmens den Wirtschaftlichkeits- und Zweckmäßigkeitserfordernissen des § 88 Abs. 1 und 2 AO folgt.[173] Ohne den Einsatz moderner Informationstechnologien ist der in §§ 85 und 88 AO geregelte Steuervollzugsauftrag schließlich kaum mehr zu realisieren.[174] Steuerverwaltung ist Massenverwaltung, weshalb der Einzelvollzug an der praktischen Realisierbarkeit des steuergesetzlichen Gesamtvollzugs ausgerichtet wird. Die vollständige Ausermittlung und Prüfung des Sachverhalts, wie auch dessen Besteuerungsgrundlagen, ist schlechterdings nicht leistbar.[175]

Für ein vertrauenssicherndes Steuerrecht ist deshalb dessen Einfachheit und Prinzipiengerechtigkeit zu fordern, was angesichts einer immanenten und sich verstetigenden Kompliziertheit beharrlich hervorzuheben ist; dies gilt mit Blick auf eine zunehmende Überformung durch das Europarecht gleichermaßen, wie im Lichte der Internationalisierung[176] und Digitalisierung.[177] So böte in einer „utopisch" anmutenden Steuerwelt der Verzicht auf die Rechtsfiguren des Sonderbetriebsvermögens

---

173 Vgl. *Wolsztynski/Haferkamp* in Wolsztynski/Coenen/Krumm, Steuerrechtsschutz im Wandel der Zeit, 2024, S. 10.

174 Vgl. *Mellinghoff*, DStR 2022, Beihefter zu Heft 22, S. 80; *Richter/Welling*, FR 2013, S. 409; *Schmidt*, Das digitale Besteuerungsverfahren, 2024, S. 9 Rn. 6.

175 *Wolsztynski/Haferkamp* in Wolsztynski/Coenen/Krumm, Steuerrechtsschutz im Wandel der Zeit, 2024, S. 10.

176 Beachte: *Burger/Kälberer*, IStR 2020, S. 411 ff.; *Schmittmann/Sinnig*, K&R 2024, S. 249 ff.

177 Vgl. *Kube*, StuW 2023, S. 19; *Kirchhof, P.*, BB 2006, S. 75; *Kirchhof, P.*, FR 2012, S. 701 ff. Beachte auch *Kirchhof, P.*, StuW 2002, S. 3 ff. Von der Nutzung künstlicher Intelligenz im Unternehmen (vgl. *Becker et al.*, NWB 2024, S. 2116 ff.) und im Steuerbereich (vgl. *Braun/Hoppe/Köppe-Karkutsch*, beck.digitax 2024, S. 46 ff.; *Greil et al.*, Künstliche Intelligenz im Steuerrecht, 2024, S. 1 ff.; *Regendantz*, beck.digitax 2023, S. 182 ff.), der Umsatzbesteuerung virtueller Transaktionen (vgl. *Hoss*, beck.digitax 2024, S. 95 ff.; *Ortwald/Wiesch* in Wolsztynski/Coenen/Krumm, Steuerrechtsschutz im Wandel der Zeit, 2024, S. 479 ff.; *Schuska*, MwStR 2024, S. 293 ff.; *Luther/Zawodsky*, RET 3/2022, S. 49 ff.), der Besteuerung von sog. Liquidity Mining (vgl. *Kamchen*, DStR 2024, S. 857 ff.) bis hin zu einem (eigenständigen) Meta-Steuersystem (vgl. *Luketina/Trattner*, RET 4/2024, S. 65 ff.) und der Betriebsprüfung im virtuellen Raum (vgl. *Denker/Kälberer*, RET 5/2024, S. 57 ff.) – die steuerlichen Implikationen der Digitalisierung sind vielschichtig

und der Betriebsaufspaltung sowie eine Abschaffung von Sonderbilanzen (mithin auch von Ergänzungsbilanzen) einen deutlichen Beitrag zur Endkomplizierung des (Unternehmens-)Steuerrechts.[178] Zugleich bedarf es einer Effektuierung der Gesetzesbindung, weshalb kooperative Verfahrenselemente, die neben die hoheitlichen Instrumente der Sanktionierung und der Kontrolle treten sowie strukturell in ein ganzheitliches steuerverfahrensrechtliches System eingebettet sind.[179] Ergänzung findet dies in einem zeitgemäßen wie auch bürgernahen Steuerrechtsschutz, der

---

und schlagen nicht nur auf das materielle Steuerrecht durch, sondern werden auch im Besteuerungsverfahren (Steuerentstehung, Steuerermittlung, Steuerfeststellung und -festsetzung, Steuererhebung) ersichtlich. Vgl. dazu *Egner/Gries*, BFuP 2024, S. 529 ff.; *Egner/Gries/Kalb*, beck.digitax 2022, S. 209 ff. Zu den steuerlichen Implikationen der Digitalisierung in Österreich vgl. u. a. *Hanzl/Pelzmann/Schragl* (Hrsg.), Handbuch Digitalisierung, 2021, S. 1 ff.; *Kirchmayr et al.* (Hrsg.), Digitalisierung im Konzernsteuerrecht, 2018, S. 1 ff.; *Lang/Risse* (Hrsg.), Tax Compliance und Risikomanagement, 2024, S. 1 ff.; *Leonov*, beck.digitax 2021, S. 47 ff.; *Mendling/Risse/Rust* (Hrsg.), Digitalization and Tax Law 2023, 2023, S. 1 ff.; *Schuster*, beck.digitax 2020, S. 153 ff.; *Setnicka/Krippner/Rosar* (Hrsg.), Digitalisierung im Steuer- und Rechnungswesen, 2020, S. 1 ff.; *Urnik/Kirchmayr/Steinhauser* (Hrsg.), Besteuerung und Wirtschaftsprüfung im Kontext der Digitalisierung, 2020, S. 1 ff.

178 Vgl. *Hennrichs* in Desens, Transparente Besteuerung und Steuersubjektivität, DStJG 46/2024, S. 489 sowie zur rechtspolitischen Perspektive der Unternehmensbesteuerung im Einzelnen *ders.* S. 489 ff. und zugleich *Expertenkommission „Vereinfachte Unternehmensteuer“*, Besteuerung der Unternehmen, 2024, S. 1 ff. (den Bericht analysierend: *Prinz*, DB 2024, Heft 40–41, S. M6 f.; *van Lishaut*, FR 2024, S. 825 ff.). Im Weiteren zur Reformierung des Sonderbetriebsvermögens: *Wissenschaftlicher Arbeitskreis Steuerrecht des DWS-Instituts e.V.*, DStR 2023, Beihefter zu Heft 44, S. 19 ff. Das geltende Recht hingegen stützend: *Haubner* in Desens, Transparente Besteuerung und Steuersubjektivität, DStJG 46/2024, S. 451 ff., der zugleich darauf hinweist, dass sich das System der Mitunternehmerbesteuerung – „(a)ls eigenständige und weitgehend außergesetzliche Entwicklung deutschen Steuerrechtsdenkens“ – gegen internationale Vereinheitlichungsbemühungen sperrt. Die Mitunternehmerschaft sei transparent, aber intransigent (*ders.*, S. 481 f.; direktes Zitat auf S. 480). Vgl. im Übrigen zur Erarbeitung eines weniger komplexen und zukunftsfähigen (Einkommen-)Steuerrechts: *Expertenkommission „Bürgernahe Einkommensteuer“*, Weniger Bürokratie, mehr Digitalisierung, 2024, S. 1 ff. und dazu *Kanzler*, FR 2024, S. 729 ff.; *Mellinghoff*, DB 2024, Heft 40–41, S. M4 f.; *Schmidt*, DB 2024, S. 2451 ff., S. 2528 ff. sowie S. 2594 ff. Beachte auch: *Hechtner/Hölscher* in Richter/Meyering/Sopp, Anwendungsorientierte steuerliche Betriebswirtschaftslehre, 2022, S. 431 ff.

179 Vgl. *Seer/Hardeck*, StuW 2016, S. 366 ff.; *Thiemann*, StuW 2019, S. 301.

sich an den Erwartungen der Beteiligten orientiert und gesellschaftliche Entwicklungen wie Kommunikation und Teilhabe ebenso aufgreift wie etwa Transparenz[180] und Akzeptanz.[181] Moderner Steuerrechtsschutz meint deshalb auch digitalen Steuerrechtsschutz, der den Paradigmenwechsel vom Analogen hin zum Digitalen (z. B. elektronische Gerichtsakte, elektronischer Rechtsverkehr, Videokonferenztechnik[182]) vollzieht und angehalten ist mit tradierten Rechtsprechungsmustern zu brechen sowie steuerliches Prozessrecht anzupassen.[183] Gleichzeitig ist das Rechtssystem angesichts einer sich fortwährend entwickelnden digitalen Realität gegenüber der Einflussnahme technischer Entwicklungen zu stabilisieren.[184]

---

180 „Insgesamt ist es für betroffene Beteiligte von großem Vorteil, einen Richter vor sich zu haben, der seine Überlegungen nicht (wie im Rätsel der Sphinx) bis zur Entscheidung verschweigt, sondern den Beteiligten wesentlich effektiver rechtliches Gehör i.S.v. Art. 103 Abs. 1 GG gewährt, indem er sich der Auseinandersetzung stellt und damit zugleich die Beteiligten ehrt". FG Hamburg v. 11.03.2011 – 3 V 15/11, BeckRS 2011, 95343 und so auch FG Hamburg v. 22.05.2014 – 3 K 207/13, BeckRS 2014, 95453.

181 Vgl. *Wolsztynski/Haferkamp* in Wolsztynski/Coenen/Krumm, Steuerrechtsschutz im Wandel der Zeit, 2024, S. 50 sowie dazu im Einzelnen auf S. 14 ff.

182 Vgl. *Schmitz-Herscheidt* in Wolsztynski/Coenen/Krumm, Steuerrechtsschutz im Wandel der Zeit, 2024, S. 235 ff. und *Stapperfend* in Wolsztynski/Coenen/Krumm, Steuerrechtsschutz im Wandel der Zeit, 2024, S. 253 ff. Aus der Rechtsprechung: BFH v. 30.06.2023 – V B 13/22, DStR 2023, S. 1600; BFH v. 18.08.2023 – IX B 104/22, BeckRS 2023, 27266; BVerfG v. 15.01.2024 – 1 BvR 1615/23, NJW 2024, 891 und dazu mithin *Gomille/Frenzel/Heffinger*, RDi 2024, S. 153 ff. Zur Frage, wie sich der im finanzgerichtlichen Prozess zu wahrende Grundsatz der Öffentlichkeit (§ 52 FGO) zur (ordnungsgemäßen) Teilnahme an mündlichen Verhandlungen mittels Videozuschaltung verhält: BFH v. 21.08.2024 – II R 43/22, DStR 2024, S. 2812.

183 Vgl. *Huneke/Hörner*, DB 2024, Heft 38, M4 f.; *Thesling*, DStR 2023, S. 857 ff.; *Wolsztynski/Haferkamp* in Wolsztynski/Coenen/Krumm, Steuerrechtsschutz im Wandel der Zeit, 2024, S. 46; *Wolsztynski/Peters*, DB 2019, Heft 27–28, S. M21 ff. Zum Finanzgerichtsprozess im digitalen Wandel vgl. *Coenen* in Wolsztynski/Coenen/Krumm, Steuerrechtsschutz im Wandel der Zeit, 2024, S. 69 ff. Vgl. zum besonderen elektronischen Steuerberaterpostfach als eigene digitale Infrastruktur für den steuerberatenden Berufsstand *Gegusch*, beck.digitax 2023, S. 95 ff.; *Gegusch*, beck.digitax 2024, S. 241 ff.; *Kalb*, beck.digitax 2023, S. 52 ff.; *Lingnau/Ruppert*, DStR 2023, S. 1436 ff.; *Mehnert/Kalina-Kerschbaum*, DStR 2022, S. 2573 ff.

184 Vgl. *Kiel*, NJW 2024, S. 2974.

3.3.2 Dichotomie der Lenkungs- und Fiskalzwecknormen im Lichte der Digitalisierung

Angesichts bedeutsamer Sachkomplexe erscheint das Denken in Zeitscheiben bequem und die Auflösung zeitlicher Zusammenhänge trägt – so der augenscheinliche Befund – zur Komplexitätsreduktion bei.[185] Insofern verwundert es nicht, wenn steuerliche Be- und Entlastungsentscheidungen abseits der Sachgerechtigkeit situative Antworten auf aktuelle Herausforderungen[186] liefern sollen.[187] Das Steuerrecht wird zu einem politischen Aktions- und Reaktionsrecht, welches sich vom Anspruch der (Steuer-)Rechtswissenschaft auf Rationalität und Ordnung des Rechts zunehmend entfremdet. In diesem Zusammenhang erscheint das geltende Steuerrecht konzeptfern, zumal das Demokratieprinzip[188] und der weit gefasste Entscheidungsspielraum des Gesetzgebers diesen Befund zu unterstreichen vermag. Wenn man Demokra-

---

185 Vgl. *Anzinger*, StuW 2022, S. 310.

186 Den Mangel an (steuerrechtlicher) Langzeitverantwortung nicht alleine als Krisenphänomen einschränkend: *Drüen*, StuW 2023, S. 45 m. w. N. Zu den kompetenz- und organisationsrechtlichen Rahmenbedingungen sowie der finanziellen Bewältigung von Krisen vgl. *Waldhoff*, NJW 2024, S. 2729 ff.

187 Vgl. *Drüen*, StuW 2023, S. 45.

188 Zum Demokratieprinzip im Spannungsfeld von KI vgl. *Klaas*, MMR 2019, S. 84 ff. Digitale (KI-basierte) Anwendungen verändern nicht nur den Prozess hoheitlicher Entscheidungsfindung und politischer Meinungsbildung, sondern auch die intraparlamentarische Wissensgenerierung. Indem bspw. Gesetzesvorhaben auf deren Wechselwirkungen mit anderen Regelungen geprüft oder deren Langzeitwirkungen evaluiert werden, lässt sich ein Beitrag für eine rationale Gesetzgebung erbringen. Vgl. *Martini/Ruschemeier* in Hoeren/Sieber/Holznagel, Handbuch Multimedia-Recht, EL 60, Oktober 2023, Teil 29.6 Rn. 67 f. Zugleich treten zumindest beim gegenwärtigen Einsatz von KI verfassungsrechtliche Spannungen auf, die schlaglichtartig den allgemeinen Gleichheitssatz gem. Art. 3 Abs. 1 GG (Diskriminierung und Fairness), das Rechtsstaatsprinzip i. S. d. Art. 20 Abs. 3 GG (Transparenz und Erklärbarkeit) und die Meinungsfreiheit gem. Art. 5 Abs. 1 Satz 1 Alternative 1 GG (Manipulation) betreffen. Vgl. *Kment/Borchert*, KIR 2025, S. 9 ff.

tie[189] als „Herrschaft auf Zeit“ versteht, bildet sich ein „politisches Kurzzeitgedächtnis“, welches durch die befristete Legislaturperiode bestimmt und von Parlamentsmehrheiten getragen ist.[190] Anstelle einer intertemporalen Freiheitssicherung drohen im Steuerrecht aus der langfristigen Regel Maßnahmengesetze zu werden.[191]
In diesem Zusammenhang spiegelt sich die abstrakte Zweckdichotomie aus Fiskal- und Lenkungszweck wieder, indem Steuern in ihrer Primärfunktion dem allgemeinen Fiskalzweck dienen, andererseits aber Gegenstand eines umfassenden Spektrums aktiver staatlicher Wirtschafts- und Gesellschaftspolitik (mit Ertragsrelevanz) sind.[192] In Abgrenzung

189 Für eine staatsorganisationsrechtliche Betrachtung vgl. in Kürze *Sodan/Ziekow*, Grundkurs Öffentliches Recht, 10. Aufl. 2023, S. 44 ff. sowie zum demokratischen Verfassungsstaat: *Thiele*, Der gefräßige Leviathan, 2019, S. 235 ff., der die folgenden fünf Elemente eines jeden demokratischen Verfassungsstaats als dessen materielle Mindestanforderungen identifiziert: 1.) Besondere Konzeption der Volkssouveränität; 2.) Vorrang der Verfassung; 3.) Rückführbarkeit der konstituierten Staatsgewalt auf das Staatsvolk; 4.) Konzept der Gewaltenteilung bzw. Gewaltengliederung; 5.) Sicherstellung eines „Raumes der Dunkelheit“ zur individuellen Entfaltung und zur Manifestation der „Vielfalt auf dem Fundament der Gleichheit“ (*ders.*; S. 245 ff.; direktes Zitat auf S. 264). Beachte zum Zusammenhang von Vielfalt und Gleichheit auch *Thiele*, DVBl. 2018, S. 1112 ff. sowie nochmalig zum Wesen und Begriff der Demokratie: *Sumper*, Besteuerung als Grundlage für Demokratie und Rechtsstaat, 2023, S. 35 ff.

190 Vgl. *Drüen*, StuW 2023, S. 45; *Kersten/Kaupp*, JuS 2022, S. 473; *Kirchhof, P.*, NJW 1987, S. 3217; *Tipke*, StuW 2014, S. 274. Regierungen denken in Legislaturperioden, um Politik jetzt zu machen, politische Parteien geben Wahlversprechen ab, um jetzt Wahlen zu gewinnen, der Wohlfahrtsstaat möchte jetzt soziale Gerechtigkeit erzielen, die Ökonomie beruft sich auf die Berufs- und Eigentumsfreiheit, um jetzt Gewinne zu erwirtschaften und die bürgerliche Gesellschaft stützt sich auf ihre Freiheitsrechte, um sie im Jetzt zu verwirklichen. Vgl. *Kersten/Kaupp*, JuS 2022, S. 473.

191 Vgl. *Drüen*, StuW 2023, S. 45; *Kersten/Kaupp*, JuS 2022, S. 473. Zur Verallgemeinerung und Übertragung des im Klimabeschluss des BVerfG entwickelten Konzepts der intertemporalen Freiheitssicherung vgl. *Kersten/Kaup*, JuS 2022, S. 476 f. m. w. N. sowie *Kirchhof, G.*, Intertemporale Freiheitssicherung, 2022, S. 33 ff. sowie im Allgemeinen zum Klimaschutz in der Rechtsprechung des BVerfG: *Beckmann* in Landmann/Rohmer, Umweltrecht, EL 101, Juni 2023, Rn. 150 ff. zur Einführung in das Klimaschutzrecht; *Britz*, NVwZ 2022, S. 825 ff.; *Calliess* in Dürig/Herzog/Scholz, GG, EL 98, März 2022, Rn. 49 ff. und Rn. 86 ff. zu Art. 20a GG; *Faßbender*, NJW 2021, S. 2085 ff.; *Franzius*, KlimR 2022, S. 102 ff.

192 Vgl. *Enders*, Fiskalzwecke im Steuerverfassungsrecht, 2024, S. 45 und S. 47 f.

zu den Fiskalzwecknormen, werden unter dem Oberbegriff der Lenkungsnorm solche gesetzliche Regelungen verstanden, die nicht originär der Erzielung von Einnahmen dienen.[193] Mit deren Hilfe beabsichtigt der Staat das Verhalten der Steuerpflichtigen durch gezielte Steuerentlastung oder -belastung zu beeinflussen. Demzufolge wird das Verhalten der Steuerpflichtigen im Rahmen ihrer Teilnahme am allgemeinen Wirtschaftsleben in eine gewünschte Richtung „gelenkt".[194] Letztendlich können Lenkungsnormen auch dahingehend ausgerichtet werden, dass sie ein Unterlassen einer bestimmten Verhaltensweise bei den Zensiten bewirken.[195] Im Gegensatz zu den Umverteilungsnormen, bei denen eine Korrektur der Einkommens- und Vermögensverhältnisse und damit der soziale Ausgleich im Mittelpunkt steht, wird bei Lenkungsnormen das Erreichen eines Lenkungszwecks als Erfüllungsmaßstab angeführt.[196] Gerade letztere tragen wesentlich zu einer Verkomplizierung des Steuerrechts bei und weichen regelmäßig

---

193 Vgl. *Vogel*, Die Einflussnahme steuerlicher Lenkungsnormen auf Entscheidungen von Wirtschaftssubjekten, 2015, S. 1.

194 Vgl. *Hey* in Tipke/Lang, Steuerrecht, 25. Aufl. 2024, S. 83 f. Rn 3.21; *Hey* in Tipke/Lang, Steuerrecht, 25. Aufl. 2024, S. 1423 Rn 19.1; *Kraft/Kraft*, Grundlagen der Unternehmensbesteuerung, 5. Aufl. 2018, S. 1; *Musil*, DVBl. 2007, S. 1529; *Vogel*, Die Einflussnahme steuerlicher Lenkungsnormen auf Entscheidungen von Wirtschaftssubjekten, 2015, S. 5. Steuern entfalten neben der Belastungswirkung stets auch eine Gestaltungswirkung. „Die wirtschaftspolitische Relevanz des Steuerrechts geht damit weit über das klassische Verständnis steuerrechtlicher Lenkung durch Lenkungsteuern und Steuervergünstigungen hinaus". Vgl. *Hey* in Sieker, Steuerrecht und Wirtschaftspolitik, DStJG 39/2016, S. 12 (auch direktes Zitat) insgesamt mit Verweis auf *Birk*, Das Leistungsfähigkeitsprinzip als Maßstab der Steuernormen, 1983, S. 1 ff.

195 Vgl. *Vogel*, Die Einflussnahme steuerlicher Lenkungsnormen auf Entscheidungen von Wirtschaftssubjekten, 2015, S. 1.

196 Vgl. *Birk*, Finanzierungszwecke und Lenkungszwecke in einem verfassungsmäßigen Steuersystem, 2001, S. 73; *Hey* in Tipke/Lang, Steuerrecht, 25. Aufl. 2024, S. 1423 Rn 19.1; *Hey*, StuW 2024, S. 18; *Kraft/Kraft*, Grundlagen der Unternehmensbesteuerung, 5. Aufl. 2018, S. 1. Beachte insgesamt auch *Kälberer*, Steuerliche Förderung der Energieeffizienz in Deutschland, 2019, S. 52 f. sowie kritisch zur Umverteilungsfunktion der Erbschaft- und Schenkungsteuer, *Werth*, DStZ 2024, S. 781 ff., der in ihrer zugrundeliegenden sozialgestaltenden Argumentation kafkaeske Züge erkennt, „da das Steueraufkommen im Verhältnis zum Gesamtsteueraufkommen eine fast zu vernachlässigende Quantité négligeable darstellt" (S. 791).

vom Leistungsfähigkeitsprinzip ab; Lenkungszwecknormen sind deshalb rechtfertigungsbedürftig – mithin nur begrenzt rechtfertigungsfähig und tragen die Gefahr einer ressourcenspezifischen Fehlallokation in sich.[197] Denn „(w)enn der Gesetzgeber die Steuer als Verwaltungsmittel nutzt, also den Steuerpflichtigen durch Sonderlasten oder Steuerbegünstigungen zu einem staatlich gewollten Verhalten veranlasst, bleiben diese Lenkungsteuern im Gesamtsystem einer freiheitlichen Verfassung, einer bundesstaatlichen Ertragsverteilung, einer jährlichen Bewilligung von Subventionen und einer ‚voraussetzungslos' erhobenen Steuer ein Fremdkörper."[198] So verwundert es nicht, dass unlängst eine durchgreifende Steuervereinfachung vom Bundesrechnungshof gefordert wurde, da selbst „die Steuerverwaltung längst nicht mehr in der Lage ist, die Vielzahl der äußerst komplizierten Regelungen entsprechend dem Willen des Gesetzgebers umzusetzen.[199]

3.3.3 Konzeptbedürfnis und staatliches Konzeptdenken

Steuergesetze gelten als „kein systematisch elaboriertes Gesamtwerk, sondern vielmehr (als) situative, im politischen Kompromiss errungene Antworten der Parlamentsmehrheit auf Finanzierungsanliegen

---

197 Vgl. *Birk*, DStR 2009, S. 880; *Enders*, Fiskalzwecke im Steuerverfassungsrecht, 2024, S. 49; *Friauf* in Fischer, Steuervereinfachung, DStJG 21/1998, S. 97 f.; *Glaser*, StuW 2012, S. 172; *Kälberer*, Steuerliche Förderung der Energieeffizienz in Deutschland, 2019, S. 130 ff.; *Kirchhof, P.*, DStR 2021, S. 2767; *Kube*, Finanzgewalt in der Kompetenzordnung, 2004, S. 216, 237; *Osterloh* in Ebling, Besteuerung von Einkommen, DStJG 24/2001, S. 401.

198 *Kirchhof, P.*, DStR 2021, S. 2767 sowie im Einzelnen auch *Kirchhof, P.*, StuW 2017, S. 14 f.

199 Vgl. *Bundesrechnungshof*, Probleme beim Vollzug der Steuergesetze, 2006, S. 15 (auch direktes Zitat) sowie ausführlich zur Kontrolle des Steuervollzugs durch die Rechnungshöfe: *Schleicher* in Widmann, Steuervollzug im Rechtsstaat, DStJG 31/2008, S. 59 ff. Bereits im Rechenschaftsbericht über die deutsche Finanzpolitik der Jahre 1949 bis 1953 nimmt der damalige Bundesfinanzminister *Fritz Schäffer* den Steuergesetzgeber in die Pflicht, die Gesetzgebung zu vereinfachen und damit die Wirksamkeit der Steuerverwaltung im Allgemeinen zu erhöhen. Vgl. *Schäffer*, Ein Rechenschaftsbericht über die deutsche Finanzpolitik 1949 bis 1953, 1953, S. 39 ff.

und Lenkungsansinnen.“[200] Umso mehr bedarf es eines zugleich wohlgeordneten, praktikablen und widerspruchsfrei gesetzten Recht, welches von konstituierenden Prinzipien getragen wird – wenngleich die (mithin wissenschaftlich vertretenen) Ideale zur Rationalität nicht mit Gesetzgebungspflichten gleichzusetzen sind.[201] So verstehen sich „Fragen der Systematisierung und Katalogbildung aufgrund bestehender Gesetze“ als keine Verfassungsfragen.[202] Dennoch ist vom Gesetzgeber ein hinreichendes Maß an Wertungs- und Begründungsrationalität zu fordern.[203] Dies gilt umso mehr, da die Vorzüge staatlichen Konzeptdenkens in ihren Gegenpolen der Unabgestimmtheit und Konzeptlosigkeit zu finden sind.[204] Staatliche Konzepte dienen dem „Vorgriff in die Zukunft“[205], um die Lebens- und Wirtschaftsbedingungen in abgestimmter sowie vorausschauender Weise zu gestalten. Sie können nicht nur die Vorhersehbarkeit, sondern auch die Verstehbarkeit und Dauerhaftigkeit der rechtlichen Ordnung fördern;[206] „ständige, kurzfristige, gelegentliche kurzsichtige Änderungen der Steuergesetze“ verwirren hingegen den Grundgedanken einer Steuerkonzeption.[207]

Vor diesem Hintergrund sollen Konzepte in revisionsoffener Weise eine rationalitäts- und ordnungsfördernde Zwischenebene ziehen.[208]

200 *Drüen*, StuW 2023, S. 43.

201 Vgl. *Drüen*, StuW 2023, S. 43.

202 Vgl. BVerfG v. 07.11.1995 – 2 BvR 413/88, 2 BvR 1300/93, NVwZ 1996, S. 471. Die Vorzüge einer konzeptbasierten Steuergesetzgebung sind insoweit wie folgt herauszustellen: „Wenn (..) die Steuergesetze nach einem rechtfertigenden Leitgedanken gestaltet, die Steuerrechtsanwendung auf diese Leitgedanken ausgerichtet werden, ist der sachgerechte Gebrauch der Steuergesetze vorgezeichnet. Er qualifiziert den ‚Missbrauch‘ als fehlgeschlagenen Subsumtionsversuch. Ein Steuerrecht nach Leitgedanken, ein Steuersystem nach Konzepten führt die Steuerrechtsanwendung in die Normallage der Einzelsteuer, die eine Besteuerung rechtfertigt.“ *Kirchhof, P.*, StuW 2021, S. 196.

203 Vgl. *Drüen*, StuW 2023, S. 43 m. w. N.

204 Vgl. *Drüen*, StuW 2023, S. 46. Beachte auch *Kirchhof, P.*, NJW 1987, S. 3217 ff.

205 BVerfG v. 11.11.1999 – 2 BvF 2/98, 2 BvF 3/98, 2 BvF 1/99, 2 BvF 2/99, NJW 2000, 3. Leitsatz und S. 1098.

206 Vgl. *Drüen*, StuW 2023, S. 46.

207 Vgl. *Kirchhof, P.*, NJW 1987, S. 3218 (auch direktes Zitat).

208 Vgl. *Drüen*, StuW 2023, S. 46 f. m. w. N. und zugleich diesbezüglich kritisch (*ders.*, S. 47 ff.).

Gleichzeitig bildet im Steuerrecht der Grenzfall den Regelfall, weshalb eine vorzufindende Konzeptlosigkeit die Durchsetzung der Steuergesetze erschwert, den Vollzugsaufwand wie auch die Befolgungskosten mehrt und die Möglichkeiten der planvollen Steuervermeidung vertieft.[209] Vor diesem Hintergrund erscheint die Diskussion über Konzeptpflichten *prima vista* als Fortsetzung derer über Widerspruchsfreiheit, Systemgerechtigkeit und Folgerichtigkeit[210], die in materieller Hinsicht vielfach zur Verschärfung des Gleichheitssatzes ihren Anklang finden.[211] Dies gilt umso mehr, da mithin die Ansicht vertreten wird, dass der Gesetzgeber nur ein verfassungsgemäßes Gesetz schulde – ja nicht einmal eine Darlegung aller seiner Motive und Erwägungen sei erforderlich.[212] *Kirchhof* ist deshalb zuzustimmen, indem er die Notwendigkeit eines „unverfremdeten Steuerrecht" fordert und mit Bedacht vom „Gestaltungsraum" des (Steuer-)Gesetzgebers, anstelle eines gänzlich freien Legislativspielraums, spricht.[213] Steuergesetze sind folg-

---

209 Vgl. *Drüen*, StuW 2021, S. 50; *Kirchhof, P.*, StuW 2021, S. 196. Hinsichtlich der Ermessensteuerung durch Vollzugskonzepte kann mithin auf die Entscheidung des BVerwG zu Schwarzbauten abgestellt werden: „Die Behörde darf daher ihr Ermessen nicht ohne erkennbaren Grund unterschiedlich, systemwidrig oder planlos ausüben. Die Bauaufsichtsbehörde darf sich auf die Regelung von Einzelfällen beschränken, wenn sie hierfür sachliche Gründe anzuführen mag. Dem behördlichen Einschreiten können Fälle, in denen noch nicht eingeschritten worden ist, ausnahmsweise dann entgegengehalten werden, wenn es nach der Art des Einschreitens an jedem System fehlt, für diese gewählte Art des zeitlichen Vorgehens keinerlei einleuchtende Gründe sprechen und die Handhabung deshalb als willkürlich angesehen werden muss". BVerwG v. 24.07.2014 – 4 B 34.14, BauR 2014, S. 1923.

210 Das Gebot der Folgerichtigkeit verlangt, „dass sich der Gesetzgeber dort, wo ihm Einschätzungsspielräume zukommen und er sich unter Ausnutzung dieser Spielräume auf ein bestimmtes Regelungskonzept festgelegt hat, an den von ihm getroffenen Grundentscheidungen festhalten lassen muss", so die Abweichende Meinung des Richters *Huber* zu BVerfG v. 14.01.2020 – 2 BvR 2055/16, NVwZ 2020, S. 1593 m. w. N.

211 Vgl. *Drüen*, StuW 2023, S. 47 m. w. N.

212 Vgl. *Schlaich*, VVDStRL 39/1981, S. 109.

213 Vgl. *Drüen*, StuW 2023, S. 48; *Kirchhof, P.*, NJW 1987, S. 3218; *Kirchhof, P.* in Isensee/Kirchhof, Handbuch des Staatsrechts der Bundesrepublik Deutschland, Bd. 8, 3. Aufl. 2010, § 181 Rn. 200, 217, 224 sowie zum Reformentwurf eines „Bundessteuergesetzbuchs" als Gesamtkodifikation des deutschen Steuerrechts: *Kirchhof, P.*, Bundessteuergesetzbuch, 2011, S. 1 ff.

lich nachvollziehbar und konsequent auszugestalten.[214] „Der Blick auf das wirtschaftlich erstrebte und erreichte Ziel, auf den steuerlichen Belastungsgrund und das Lastenverteilungsziel folgt einer Besteuerung nach Konzepten, definiert den sachgerechten Gebrauch von Gesetzen, erübrigt damit die Frage nach dem Missbrauch, überzeugt im rechtfertigenden Belastungsgrund und der dementsprechenden Anwendung dieses Grundes."[215] Im Ergebnis ist der Gestaltungsfreiheit des Gesetzgebers ein besonderes Konzeptbedürfnis entgegenzuhalten, da situatives und konzeptfreies Staatshandeln allenfalls als bloße Willkür zu werten wäre.[216]

---

214 Vgl. *Drüen* in Tipke/Kruse, AO/FGO, EL 169, Februar 2022, Rn. 46 zu § 3 AO.

215 *Kirchhof, P.*, StuW 2021, S. 197. Im Übrigen zeigt die höchstrichterliche Rechtsprechung die Besteuerung in Konzepten auf, indem Steuergesetze bspw. beanstandet werden, wenn sie die Möglichkeit zu einer gleichheitswidrigen Gestaltung eröffnen (BVerfG v. 17.12.2014 – 1 BvL 21/12, NJW 2015, S. 322 f.) oder, wie der EuGH (v. 12.09.2006 – C-196/04, Cadbury-Schweppes, EuZW 2006, S. 636) betont, sich gegen „rein künstliche, jeder wirtschaftlichen Realität bare Gestaltung(en)" richtet.

216 Vgl. *Drüen*, StuW 2023, S. 46 und S. 49. Die Gestaltungsfreiheit der Steuergesetzgebung verwerfend: *Tipke*, StuW 2014, S. 273 ff. Von einem rationalistischen Standpunkt heraus, befindet sich das Steuerrecht in Unordnung, vgl. *Hey* in Tipke/Lang, Steuerrecht, 25. Aufl. 2024, S. 76 Rn 3.1. „Folge der Unordnung des Steuerrechts ist nicht nur Steuerunrecht, sondern auch erhebliche Steuerunsicherheit. Die institutionelle Unsicherheit der Besteuerung erzeugt Planungsunsicherheit und vermittelt dem Steuerzahler das Gefühl, Besteuerung lasse sich beliebig manipulieren. Fehlende Besteuerungsmoral schlägt sich in geringer Steuermoral nieder." *Hey* in Tipke/Lang, Steuerrecht, 25. Aufl. 2024, S. 77 Rn 3.2 (im Original zum Teil kursiv und hervorgehoben).

4 Verfassungsrechtliche Grenzen steuerrechtlicher Beteiligungs- und Mitwirkungspflichten

4.1 Neuausrichtung des Untersuchungsgrundsatzes zugunsten eines digitalen Besteuerungsverfahrens

„Vorrang und Vorbehalt des Gesetzes gelten auch im digitalen Steuervollzug."[217] Denn die Finanzbehörde ist als vollziehende Gewalt an Gesetz und Recht gebunden (Art. 20 Abs. 3 GG).[218] Schließlich entspricht der in §§ 85, 88 AO einfach gesetzlich kodifizierte Steuervollzugsauftrag den verfassungsrechtlichen Grundsätzen der Gesetzmäßigkeit und Gleichmäßigkeit der Besteuerung.[219] Dabei unterscheidet das Gesetz nicht zwischen dem Steuerermittlungsverfahren, das der Festsetzung der Steuer gegenüber einem bestimmten Steuerpflichtigen dient, und dem Steueraufsichtsverfahren, in dem die Finanzbehörden gegenüber allen Steuerpflichtigen darüber wachen, dass die Steuern nicht verkürzt werden.[220] Im Ergebnis haben die Finanzbehörden die Steuern nach Maßgabe der Gesetze gleichmäßig festzusetzen und zu erheben (§ 85 Satz 1 AO). Insbesondere haben sie sicherzustellen, dass Steuern nicht verkürzt, zu Unrecht erhoben oder Steuererstattungen und Steuerver-

---

217 *Mellinghoff*, DStR 2022, Beihefter zu Heft 22, S. 80. Oder anders formuliert: „Auch in einer digitalen Welt steht Steuerrecht unter Gesetzesvorbehalt, nicht unter Computervorbehalt." *Kirchhof, P.*, DStR 2021, S. 2764.

218 Vgl. *Seer* in Tipke/Lang, Steuerrecht, 25. Aufl. 2024, S. 1459 Rn. 21.1.

219 Vgl. *Schmidt*, Das digitale Besteuerungsverfahren, 2024, S. 13 Rn. 17. Vgl. im Einzelnen zu den Besteuerungsgrundsätzen gem. § 85 AO: *Rätke* in Klein, AO, 18. Aufl. 2024, Rn. 1 ff. zu § 85 AO sowie *Hahlweg* in Koenig, AO, 5. Aufl. 2024, Rn. 1 ff. zu § 85 AO. Vgl. im Einzelnen auch *Seer* in Tipke/Kruse, AO/FGO, EL 147, Januar 2017, Rn. 1 ff. zu § 85 AO.

220 AEAO zu § 85 AO, Nr. 1 Satz 1.

gütungen nicht zu Unrecht gewährt oder versagt werden; dies ergibt sich aus § 85 Satz 2 AO.[221] Im Weiteren haben die Finanzbehörden alle notwendigen Maßnahmen zu ergreifen, um die entscheidungserheblichen Tatsachen aufzuklären.[222] Die Ermittlungshandlungen dürfen nach § 88 Abs. 2 Satz 1 AO zu dem angestrebten Erfolg indes nicht erkennbar außer Verhältnis stehen. Sie sollen vielmehr so gewählt werden, dass damit unter Berücksichtigung der Verhältnisse des Einzelfalls ein möglichst geringer Eingriff in die Rechtssphäre des Beteiligten oder Dritter verbunden ist; der Gewährung rechtlichen Gehörs kommt dabei besondere Bedeutung zu.[223]

Die Aufklärungspflicht der Finanzbehörden wird außerdem durch die Mitwirkungspflicht der Beteiligten (§ 90 AO) begrenzt. Insoweit

---

221 Auch dem Finanzgerichten kommt als einzige Tatsacheninstanz im zweistufigen Instanzenzug eine besondere Verantwortung hinsichtlich der Sachverhaltsaufklärung zu; so gebietet § 76 Abs. 1 FGO die Maxime der Amtsermittlung. Hinzu tritt ein Steuerrechtsschutz der Fürsorge nach § 76 Abs. 2 FGO, wonach das Gericht darauf hinzuwirken hat, dass Formfehler beseitigt, sachdienliche Anträge gestellt, unklare Anträge erläutert, ungenügende tatsächliche Angaben ergänzt, ferner alle für die Feststellung und Beurteilung des Sachverhalts wesentlichen Erklärungen abgegeben werden. Vgl. *Wolsztynski/Haferkamp* in Wolsztynski/Coenen/Krumm, Steuerrechtsschutz im Wandel der Zeit, 2024, S. 10 und S. 40. Beachte auch *Herbert* in Gräber, FGO, 9. Aufl. 2019, Rn. 10 ff. zu § 76 Abs. 1 FGO und Rn. 63 ff. zu § 76 Abs. 2 FGO.

222 AEAO zu § 88 AO, Nr. 1.

223 AEAO zu § 88 AO, Nr. 2. Bei der Entscheidung über Art und Umfang der Ermittlungen können nach § 88 Abs. 2 Satz 2 AO allgemeine Erfahrungen der Finanzbehörden sowie Wirtschaftlichkeit und Zweckmäßigkeit berücksichtigt werden. Zudem kann auf das Verhältnis zwischen voraussichtlichem Arbeitsaufwand und steuerlichem Erfolg abgestellt werden. Die Beachtung von Wirtschaftlichkeit und Zweckmäßigkeit darf jedoch nicht zu einem Verzicht auf die Überprüfung der Einhaltung von steuerrechtlichen Vorschriften führen. AEAO zu § 88 AO, Nr. 3. Eingehend zum Untersuchungsgrundsatz gem. § 88 AO: *Rätke* in Klein, AO, 18. Aufl. 2024, Rn. 1 ff. zu § 88 AO sowie *Hahlweg* in Koenig, AO, 5. Aufl. 2024, Rn. 1 ff. zu § 88 AO. Vgl. im Einzelnen auch *Seer* in Tipke/Kruse, AO/FGO, EL 147, Januar 2017, Rn. 1 ff. zu § 88 AO. Die Neufassung des § 88 AO geht im Wesentlichen auf das Gesetz zur Modernisierung des Besteuerungsverfahrens v. 18.07.2016 (BGBl. I 2016, S. 1679) zurück. „Dabei ist hervorzuheben, dass das Gesetz die Beachtung und Anwendung der Grundprinzipien des steuerlichen Verfahrensrechts, insbesondere den Amtsermittlungsgrundsatz und rechtstaatliche Prinzipien, wie das rechtliche Gehör, in verfassungskonformer Weise erhält und absichert." BT-Drucks. 18/7457 v. 03.02.2016, S. 47.

sind die Finanzbehörden nicht verpflichtet, den Sachverhalt auf alle möglichen Fallgestaltungen zu erforschen. Sie sind gem. § 88 Abs. 2 Satz 1 Hs. 2 AO auch nicht an Beweisanträge des Steuerpflichtigen gebunden.[224] Insoweit sind der Inhalt der Amtsermittlungspflicht[225] und die Mitwirkungspflicht der Beteiligten wechselseitig aufeinander bezogen und bilden eine Kooperationsmaxime.[226] Für den Regelfall kann davon ausgegangen werden, dass die Angaben des Steuerpflichtigen in der Steuererklärung[227] vollständig und richtig sind.[228] Die Finanzbehörde verletzt ihre Aufklärungspflicht aber, wenn sie Tatsachen oder Beweismittel außer Acht lässt und offenkundigen Zweifelsfragen nicht nachgeht, die sich ihr den Umständen nach ohne weiteres aufdrängen mussten.[229]

Trotz zu erkennender Parallelitäten zwischen behördlichem Untersuchungsauftrag und der rückschauenden Einzelfallbetrachtung richterlicher Untersuchung, sind es der divergierende Umfang der Aufklärungspflicht und die Reaktion bei Verstößen, die eine Demarkationslinie aufzeigen.[230] Dies bildet zugleich die Argumentationsebene inwieweit

224 AEAO zu § 88 AO, Nr. 5. Zu den verfahrensermessensleitenden Vorgaben des § 88 Abs. 2 AO vgl. *Schmidt*, Das digitale Besteuerungsverfahren, 2024, S. 16 f. Rn. 22 ff.

225 Der Amtsermittlungsgrundsatz ist kontextual zu verstehen, indem er als „fachspezifische und entwicklungsoffene Zielvorgabe (...) in Abhängigkeit vom konkreten Vollzugsauftrag der Fachbehörde (im Steuerrecht: § 85 AO) zu konkretisieren ist.“ *Drüen* in Hey, Digitalisierung im Steuerrecht, DStJG 42/2019, S. 195.

226 Vgl. *Drüen* in Hey, Digitalisierung im Steuerrecht, DStJG 42/2019, S. 195 f.; *Schmidt*, Das digitale Besteuerungsverfahren, 2024, S. 24 f. Rn. 42; *Seer* in Tipke/Lang, Steuerrecht, 25. Aufl. 2024, S. 1460 f. Rn. 21.4.

227 Zur Steuererklärungspflicht vgl. *Schmidt*, Das digitale Besteuerungsverfahren, 2024, S. 61 ff. Rn. 128 ff. und zu den Potentialen einer proaktiven Veranlagung, *ders.*, S. 97 ff. Rn. 212 ff.

228 AEAO zu § 88 AO, Nr. 6 Satz 1 mit Verweis auf BFH v. 17.04.1969 – V R 21/66, BStBl. II 1969, S. 474. Die Finanzbehörde kann den Angaben eines Steuerpflichtigen Glauben schenken, wenn nicht greifbare Umstände vorliegen, die darauf hindeuten, dass seine Angaben falsch oder unvollständig sind. AEAO zu § 88 AO, Nr. 6 Satz 2 mit Verweis auf BFH v. 11.07.1978 – VIII R 120/75, BStBl. II 1979, S. 57. Zum dahingehenden Diskussionsstand vgl. auch *Schmidt*, Das digitale Besteuerungsverfahren, 2024, S. 21 ff. Rn. 35 ff.

229 AEAO zu § 88 AO, Nr. 6 Satz 3 mit Verweis auf BFH v. 16.01.1964 – V 94/61 U, BStBl. III 1964, S. 149 und BFH v. 13.11.1985 – II R 208/82, BStBl. II 1986, S. 241.

230 Vgl. *Drüen* in Hey, Digitalisierung im Steuerrecht, DStJG 42/2019, S. 198.

Verwaltungsentscheidungen im Zuge der materiellen Digitalisierung automationsgestützt übernommen werden können.[231] Vor diesem Hintergrund können die Finanzbehörden zur Beurteilung der Notwendigkeit weiterer Ermittlungen und Prüfungen automationsgestützte Systeme einsetzen (Risikomanagementsysteme); dabei soll auch der Grundsatz der Wirtschaftlichkeit der Verwaltung Berücksichtigung finden (§ 88 Abs. 5 Satz 1 und 2 AO). Anhand dessen wird der Untersuchungsgrundsatz auf eine nachvollziehende Verifikation ausgerichtet und die Mitwirkungsbeiträge der Steuerpflichtigen strukturell nachvollzogen.[232] Im Ergebnis ist die Finanzverwaltung mit einer Optimierungsentscheidung dahingegen konfrontiert, welchen Fällen sie sich in welcher Ermittlungstiefe zuwendet.[233] Grundlegende Prämissen sind dabei die Gleichmäßigkeit und Gesetzmäßigkeit der Besteuerung gem. Art. 3 Abs. 1 und Art. 20 Abs. 3 GG sowie die Wahrung der Freiheitsrechte des Steuerpflichtigen (Art. 2 Abs. 1 GG, Art. 12 Abs. 1 GG, Art. 14 Abs. 1 GG).[234] Den Finanzbehörden ist „keine eigene materielle Gestaltungsaufgabe beim Steuervollzug zugewiesen"; *Drüen* spricht deshalb auch von Verifikationsverwaltung.[235] Dem finanzbehördlichen Massenverwaltungsrecht kommt vielmehr die Aufgabe des (durchaus anspruchsvollen) Steuervollzugs zu.[236] Wer aber versucht den richterlichen Untersuchungsgrundsatz mit voller Wahrheitsüberzeugung i. S. d.

231 Vgl. *Schmidt*, Das digitale Besteuerungsverfahren, 2024, S. 15 Rn. 19. Kritisch insbesondere zur „Vollautomatisierung" des Untersuchungsgrundsatzes, *Drüen* in Hey, Digitalisierung im Steuerrecht, DStJG 42/2019, S. 216 und S. 221.

232 Vgl. *Schmidt*, Das digitale Besteuerungsverfahren, 2024, S. 23 f. Rn. 40. Für eine Betrachtung des Risikomanagements der österreichischen Finanzverwaltung vgl. *Bräumann/Luketina/Tumpel*, BFuP 2024, S. 571 ff.

233 Vgl. *Drüen* in Hey, Digitalisierung im Steuerrecht, DStJG 42/2019, S. 196; *Schmidt*, Das digitale Besteuerungsverfahren, 2024, S. 13 f. Rn. 18; *Seer*, StuW 2015, S. 318; *Seer* in Tipke/Lang, Steuerrecht, 25. Aufl. 2024, S. 1459 Rn. 21.2.

234 Vgl. *Drüen* in Hey, Digitalisierung im Steuerrecht, DStJG 42/2019, S. 196.

235 Vgl. *Drüen* in Hey, Digitalisierung im Steuerrecht, DStJG 42/2019, S. 197 (auch direktes Zitat und zum Teil kursiv).

236 Vgl. *Drüen* in Hey, Digitalisierung im Steuerrecht, DStJG 42/2019, S. 196 f. Zur Massenverwaltung im Einzelnen: *Schmidt* in Widmann, Steuervollzug im Rechtsstaat, DStJG 31/2008, S. 37 ff.; *Seer* in Widmann, Steuervollzug im Rechtsstaat, DStJG 31/2008, S. 7 ff.

§ 96 Abs. 1 FGO für die Massenverwaltung zum Maßstab zu machen, wird scheitern – zumal eine „100-prozentige administrative Vollzugssicherheit“ verfassungsrechtlich nicht geschuldet wird.[237] Gleichwohl begründet die ordnungsgemäße und zutreffende Ermittlung der entscheidungserheblichen Umstände erst die Rechtfertigung der zu erlassenden Entscheidung.[238]

Der verfahrensführenden Behörde steht dabei freilich ein Ermittlungsermessen im Rahmen des Normprogrammes zu.[239] Letzteres determiniert die Konzepthaftigkeit des Steuervollzugs, da eine Behörde ihr Ermessen nicht ohne erkennbaren Grund in unterschiedlicher Weise oder gar planlos ausüben darf.[240] „Konzepte für den Steuervollzug sind Ausdruck des strukturellen Vollzugsauftrags und sichern die Geltung und Durchsetzung des Rechts.“[241] Vor diesem Hintergrund lässt sich der Einsatz automationsgestützter Risikomanagementsysteme (§ 88 Abs. 5 AO) als Vollzugskonzept begreifen, um den finanzbehördlichen Handlungsspielraum[242] anhand konsistenter Entscheidungsprogramme auszurichten.[243] Die Prinzipien der Gesetz- und Gleichmäßig-

237 Vgl. *Drüen* in Hey, Digitalisierung im Steuerrecht, DStJG 42/2019, S. 198 (auch direktes Zitat).

238 Vgl. *Drüen* in Hey, Digitalisierung im Steuerrecht, DStJG 42/2019, S. 195 m. w. N.

239 Vgl. *Drüen* in Hey, Digitalisierung im Steuerrecht, DStJG 42/2019, S. 195 m. w. N.

240 Vgl. *Drüen* in Hey, Digitalisierung im Steuerrecht, DStJG 42/2019, S. 199; *Drüen*, StuW 2023, S. 53.

241 *Drüen*, StuW 2023, S. 53.

242 Rechtstaatliches Ermessen meint nicht „frei“ i. S. v. gewillkürt, sondern ist hinsichtlich der Ziele und Maßstäbe gesetzesgebunden: Ist die Finanzbehörde ermächtigt, nach ihrem Ermessen zu handeln, hat sie ihr Ermessen entsprechend dem Zweck der Ermächtigung auszuüben und die gesetzlichen Grenzen des Ermessens einzuhalten (§ 5 AO). „Ziele und Impulse der Ermessensausübung lassen sich entlang der Normenpyramide zunächst aus der Verfassung ableiten. Art. 20 Abs. 3 GG und Art. 3 Abs. 1 GG konstituieren die Gesetzmäßigkeit und die Gleichmäßigkeit der Besteuerung. Darauf aufbauend prägen §§ 85 und 88 AO diese ‚Besteuerungsgrundsätze‘ einzelgesetzlich aus und setzen damit den Rahmen für die einzelnen Ermittlungsmaßnahmen nach §§ 88 ff. AO.“ *Drüen* in Hey, Digitalisierung im Steuerrecht, DStJG 42/2019, S. 201. Vgl. zum „Computer-Ermessen“ u. a. *Braun Binder*, NVwZ 2016, S. 960 ff.; *Drüen* in Hey, Digitalisierung im Steuerrecht, DStJG 42/2019, S. 201 ff.; *Helbich*, DStR 2017, S. 574 ff.

243 Vgl. *Drüen* in Hey, Digitalisierung im Steuerrecht, DStJG 42/2019, S. 199; *Drüen*, StuW 2023, S. 53. Auch wenn die Finanzverwaltung nicht sprunghaft und willkür-

keit der Besteuerung bleiben jedoch weiterhin der Maßstab, weshalb „Risiko“[244] so verstanden nicht ein einseitiges fiskalisches Ausfallrisiko meint, sondern die Verfehlung der gesetzmäßigen Steuer, d. h. die Steuer nach unten, wie auch nach oben.[245] Des Weiteren gilt es den Verhältnismäßigkeitsgrundsatz im Lichte der finanzbehördlichen Ermessensausübung sowie das Untermaßprinzip mit Blick auf die Verifikationsaufgabe zu verstehen (Verhältnismäßigkeitsprinzip).[246] Die auf Risikomanagementsysteme gestützte Amtsermittlung ist zudem nicht als wirtschaftliches Maximalprinzip zu verstehen; Wirtschaftlichkeit tritt hier hinter die Kernmaxime der Gleichmäßigkeit und Gesetzmäßigkeit der Besteuerung, indem es einen sekundären Rechtswert ausformt.[247]

Auf die Kernmaxime rekurriert auch § 88 Abs. 5 Satz 4 AO:[248] Einzelheiten der Risikomanagementsysteme dürfen nicht veröffentlicht werden, soweit dies die Gleichmäßigkeit und Gesetzmäßigkeit der

---

lich handeln darf, so findet sich im Einsatz automationsgestützter Risikomanagementsysteme doch ein gewisses Maß an Zufall und Irrationalität (Zufallsprinzip), um eine strukturelle Vollzugssicherung zu bieten. Vgl. *Drüen* in Hey, Digitalisierung im Steuerrecht, DStJG 42/2019, S. 199; *Drüen*, StuW 2023, S. 54 sowie weiterführend zur automationsgestützten Sachverhaltsermittlung und Rechtsanwendung: *Drüen* in Hey, Digitalisierung im Steuerrecht, DStJG 42/2019, S. 205 ff.; *Schmidt*, Das digitale Besteuerungsverfahren, 2024, S. 20 ff. Rn. 32 ff.

244 Risiko als „die Gefahr materiell unrichtiger Entscheidungen durch die Automatisierung“. *Beirat Verwaltungsverfahrensrecht beim Bundesministerium des Innern*, NVwZ 2015, S. 1116.

245 Vgl. *Drüen* in Hey, Digitalisierung im Steuerrecht, DStJG 42/2019, S. 207 f.

246 Vgl. *Drüen* in Hey, Digitalisierung im Steuerrecht, DStJG 42/2019, S. 208 m. w. N.; *Krüger*, DStZ 2017, S. 762; *Seer*, StuW 2015, S. 319.

247 Vgl. *Drüen* in Hey, Digitalisierung im Steuerrecht, DStJG 42/2019, S. 210. So auch in der Begründung zum Gesetzentwurf eines Gesetzes zur Modernisierung des Besteuerungsverfahrens: „Die gesetzlichen Regelungen schaffen die Grundlage für eine neue Verwaltungszusammenarbeit im Steuervollzug.“ BT-Drucks. 18/7457 v. 03.02.2016, S. 47.

248 Vgl. dazu *Rätke* in Klein, AO, 18. Aufl. 2024, Rn. 104 f. zu § 88 Abs. 5 Satz 4 AO sowie *Hahlweg* in Koenig, AO, 5. Aufl. 2024, Rn. 42 zu § 88 Abs. 5 AO. Beachte auch mithin *Marx*, Ubg 2016, S. 358 ff.; *Seer*, DStZ 2016, S. 605 ff.; *Winterhalter/Seiling*, beck.digitax 2024, S. 292 ff.

Besteuerung gefährden könnte.[249] Mit Blick auf Art. 42 EuGrCh und Art. 13 bis 15 DS-GVO[250] sollte das Besteuerungsverfahren – in Zeiten der Informationsfreiheit – indes nicht zu einer Geheimwissenschaft werden.[251] Aus Transparenz- und Akzeptanzgründen zugunsten einer Fortentwicklung digitalisierungsgestützter Anwendungen gilt es den Vorwurf aus dem Weg zu räumen, dass die Fortgeltung des geschriebenen Rechts „künftig auf der Geheimhaltung des faktisch vollzogenen Rechts“ basiere.[252] Gleichzeitig sollte Digitalisierung nicht als „Zauberformel“ verstanden werden, um überkomplexes Recht durch unterkomplexe Kontrollmaßnahmen i. S. d. Anwendungsfähigkeit kompensieren zu wollen.[253] Auch die Simplifikation durch strukturelle Risikonegierung würde das finanzbehördliche Verifikationsgebot im Ergebnis verfehlen.[254] Hinzu tritt das Grundbedürfnis eines jeden Menschen darüber informiert zu sein, nach welchen Regeln seine steuerlichen

249 In ähnlicher Weise lautet das Verbot zur Veröffentlichung fallgruppenbezogener Weisungen der obersten Finanzbehörden nach § 88 Abs. 3 Satz 3 AO. Der Gesetzgeber begründet dies damit, dass sich die Steuerpflichtigen nicht in ihrem Erklärungsverhalten an den gruppenbezogenen Anweisungen ausrichten können. Vgl. BT-Drucks. 18/7457 v. 03.02.2016, S. 68.

250 Vgl. hierzu im Einzelnen *Seer* in Hey, Digitalisierung im Steuerrecht, DStJG 42/2019, S. 247 ff. sowie mit Blick auf das internationale Steuerrecht: *Mellinghoff* in Gosch/Schnitger/Schön, Festschrift für Jürgen Lüdicke, 2019, S. 467 ff. Beachte auch *Metzger/Schweitzer/Wagner*, ZfPW 2023, S. 227 ff.

251 Vgl. *Drüen* in Hey, Digitalisierung im Steuerrecht, DStJG 42/2019, S. 211 f., der zugleich darauf hinweist, dass § 86 FGO den behördlichen Geheimnisschutz in das finanzgerichtliche Verfahren verlängert. Für eine Rechtfertigung des Verbots nach § 88 Abs. 5 Satz 4 AO vgl. *Müller-Franken*, StuW 2018, S. 121. Der Informationszugang nach dem Informationsfreiheitsgesetz (IFG) besteht nach Maßgabe des § 3 Nr. 1 Buchst. d IFG gleichfalls nicht, da das Bekanntwerden von Einzelheiten der Verwaltungsanweisungen nachteilige Auswirkungen auf die Aufgabenerfüllung der Finanzbehörde haben würde. Vgl. auch *Trossen*, FR 2015, S. 1023.

252 Vgl. *Ahrendt*, NJW 2017, S. 540; *Drüen* in Hey, Digitalisierung im Steuerrecht, DStJG 42/2019, S. 212.

253 Vgl. *Drüen* in Hey, Digitalisierung im Steuerrecht, DStJG 42/2019, S. 218 f. und S. 221; *Müller-Franken*, StuW 2018, S. 122, der zugleich auf alltägliche Computerstörungen (Schadsoftware, Computerabstürze etc.) hinweist. Und dies nochmals betonend: „Wenn das Recht zu komplex ist, dann kann es nicht einem Computerprogramm zum Erstvollzug überantwortet werden.“ *Drüen* in Hey, Digitalisierung im Steuerrecht, DStJG 42/2019, S. 219.

254 Vgl. *Drüen* in Hey, Digitalisierung im Steuerrecht, DStJG 42/2019, S. 219.

Erklärungen behandelt werden.[255] Und so bedarf es – so lange KI dies (noch) nicht zu gewährleisten vermag[256] – menschlicher Intuition, Kreativität und Erfahrung bei der Erfüllung des Steuervollzugs.[257] Oder in den Worten von Art. 1 Abs. 1 des Entwurfs des Verfassungskonvents von Herrenchiemsee: Der Staat ist um des Menschen willen da, nicht der Mensch um des Staates willen.[258] Technische Modernität und demokratische Legalität sind in einen neuen Gleichklang zu bringen.[259]

4.2 Melde- und Sorgfaltspflichten am Beispiel des Plattformen-Steuertransparenzgesetzes

4.2.1 Grundbegriffe und Reichweite des Plattformen-Steuertransparenzgesetzes

Im Bereich der Sharing Economy haben sich zuletzt zahlreiche Plattform-Geschäftsmodelle etabliert, die traditionelle Intermediationsformen wie etwa im Einzelhandel oder im Dienstleistungsgewerbe Zunehmens verdrängen.[260] Für gewerbliche Nutzer fungieren die Plattformbetreiber dabei als digitale Intermediäre, indem sie sich zwischen Anbieter und Kunden schieben und als „Gatekeeper“ den Marktzugang

---

255 Vgl. *Müller-Franken*, StuW 2018, S. 121.

256 Den Einsatz von dialogbasierten Chatbots wie ChatGPT mit Verweis auf die Gewährleistung von 1.) Zuverlässigkeit und Resilienz, 2.) Verständlichkeit sowie 3.) Nachvollziehbarkeit in der Finanzverwaltung (zumindest zum gegenwärtigen Zeitpunkt) ablehnend: *Schmidt*, Das digitale Besteuerungsverfahren, 2024, S. 25 f. Rn. 44 f.

257 Vgl. *Drüen* in Hey, Digitalisierung im Steuerrecht, DStJG 42/2019, S. 218.

258 Entwurf des Verfassungskonvents von Herrenchiemsee 1948 zitiert nach *Kunze*, Der Staat 2001, S. 394.

259 Vgl. *Kirchhof, P.*, DStR 2021, S. 2761.

260 Vgl. *Haucap*, Wirtschaftsdienst 2020, S. 20.

steuern.[261] Angesichts dieser Entwicklungen stoßen die Möglichkeiten der Finanzbehörden zur Ermittlung der steuerlichen Grundlagen an ihre Grenzen – vor allem von Plattformbetreibern, die aus dem Ausland operieren, können Informationen zum Zwecke der gleich- und gesetzmäßigen Besteuerung nicht zuverlässig erlangt werden.[262] Vor diesem Hintergrund ist mit dem Plattformen-Steuertransparenzgesetz vom 20.12.2022 (BGBl. I 2022, S. 2730)[263] eine erweiterte Meldepflicht für Betreiber digitaler Plattformen und ein grenzüberschreitender, automatischer Informationsaustausch[264] zwischen den Steuerbehörden der EU-Mitgliedstaaten in Kraft getreten.[265] Dabei beinhaltet das PStTG ausschließlich steuerliches Verfahrensrecht, welches die übrigen Steuergesetze unberührt lässt (vgl. § 1 Abs. 2 PStTG); dem PStTG liegt demzufolge eine eigenständige gesetzgeberische Wertung zugrunde.

261 Vgl. *Busch*, IWRZ 2018, S. 147; *Busch*, GRUR 2019, S. 789. Wesensmerkmal der Plattformökonomie ist es, dass die Gegenstände der wirtschaftlichen Transaktion von dritter Seite in das System eingebracht werden und nicht bereits vom Plattformbetreiber zur Verfügung gestellt werden; dies schließt freilich nicht aus, dass mit dem Plattformbetreiber verbundene Unternehmen selbst Nutzer jener Plattform sein können. Vgl. BT-Drucks. 20/3436 v. 19.09.2022, S. 53; *Kälberer*, NWB-BB 2023, S. 372. Für eine Betrachtung der marktbeherrschenden Stellung von Internetplattformen aus kartellrechtlicher Sicht vgl. *Volmar*, Digitale Marktmacht, 2019, S. 1 ff.

262 Vgl. BT-Drucks. 20/4376 v. 09.11.2022, S. 1.

263 Gesetz über die Meldepflicht und den automatischen Austausch von Informationen meldender Plattformbetreiber in Steuersachen (Plattformen-Steuertransparenzgesetz – PStTG) v. 20.12.2022, BGBl. I 2022, S. 2730. Vgl. hierzu u. a. *Fischer*, StuB 2023, S. 129 ff.; *Gerster/Schmal*, beck.digitax 2023, S. 54 ff.; *Grambeck*, MwStR 2023, S. 169 ff.; *Grotherr*, Ubg 2023 S. 60 ff. und S. 702 ff.; *Limpinsel/Hahn*, IWB 2023, S. 47 ff.; *Luther/Zawodsky/Höft*, beck.digitax 2022, S. 310 ff.; *Nürnberg*, NWB 2023, S. 1897 ff.; *Oldiges/Reiners*, DStR 2023, S. 1291 ff.; *Oldiges/Reiners*, DStR 2023, S. 1337 ff.; *Oldiges/Reiners*, DStR 2023, S. 2592 ff.; *Oldiges/Reiners*, DStR 2025, S. 83 ff.; *Pinkernell/zum Bruch*, DB 2023, S. 1879 ff.; *Stumm/Freude*, WPg 2023, S. 700 ff.

264 Zum automatischen Informationsaustausch bei Transaktionen von Kryptowerten vgl. *Müller*, beck.digitax 2023, S. 34 ff.; *Müller*, RET 4/2023, S. 58 f.; *Schuska*, IStR 2023, S. 765 ff. und S. 821 ff.

265 Mit dem DAC 7-Umsetzungsgesetz wurden zudem geänderte Kooperationsregelungen bei der Durchführung von Außenprüfungen eingeführt, vgl. hierzu bspw. *Hübner/Jesic/Leucht*, Ubg 2023 S. 293 ff. und 370 ff.; *Tormöhlen*, AO-StB 2024, S. 241 ff. sowie insbesondere zur Neuregelung des § 171 Abs. 4 AO: *Hübner*, Ubg 2023 S. 248 ff.

Insbesondere hat es keine materiell-rechtlichen Auswirkung auf die Besteuerung von Einkünften bzw. Umsätzen – anders als bestehende Aufzeichnungs- und Meldepflichten knüpft das PStTG aber an interne Daten, Prozesse sowie Systeme an und ist auf Massendaten ausgerichtet.[266]

Der Kreis der meldepflichtigen Plattformbetreiber ergibt sich aus § 3 PStTG: Als Plattform gilt jedes auf digitalen Technologien beruhende System, das es Nutzern ermöglicht, über das Internet mittels einer Software miteinander in Kontakt zu treten und Rechtsgeschäfte abzuschließen (§ 3 Abs. 1 Satz 1 PStTG). Darunter fallen bspw. die Vermarktung von Ferienunterkünften, die Erbringung von Personentransportleistungen oder die Annoncierung von Gebrauchtwaren.[267] Die Formulierung in § 3 Abs. 1 Satz 1 PStTG macht dabei deutlich, dass das Gesetz auf Plattformen abstellt, welche die Geschäfte zwischen Dritten als solche unterstützen; der jeweilige Plattformbetreiber wird also nicht selbst Vertragspartei, sodass Anbieter[268], Nutzer[269] und Betreiber auseinanderfallen (Dreieckskonstellation).[270] Innerhalb einer Unternehmensgruppe oder eines Konzernverbunds kann dies auch die Gesellschaft sein, die das zugrundeliegende Online-Geschäft verwaltet. Denn das PStTG schließt eben nicht aus, dass der Anbieter nach § 4 Abs. 2 PStTG und der Plattformbetreiber nach § 3 Abs. 2 PStTG ver-

---

266 Vgl. BMF v. 02.02.2023 – IV B 6 – S 1316/21/10019 :025, BStBl. I 2023, S. 241, Allgemeines; *Oldiges/Reiners*, DStR 2023 S. 1292 sowie zum BMF-Schreiben v. 02.02.2023 im Einzelnen: *Grotherr*, Ubg 2023 S. 113 ff.; *Kaufmann*, beck.digitax 2023, S. 192 ff. Zu diesem Abschnitt insgesamt: *Gölz-Kälberer/Kälberer*, Steuer-Seminar 2023, S. 347 f.; *Kälberer*, NWB-BB 2023, S. 371 f.

267 Erfasst werden grundsätzlich sämtliche (gängigen) Arten von Geschäftsbeziehungen: Business-to-Business (B2B), Business-to-Consumer (B2C), Consumer-to-Consumer (C2C), Consumer-to-Business (C2B), vgl. BT-Drucks. 20/3436 v. 19.09.2022, S. 49; *Gölz-Kälberer/Kälberer*, Steuer-Seminar 2023, S. 349.

268 Ein Anbieter ist jeder Nutzer, der zu irgendeinem Zeitpunkt im Meldezeitraum auf einer Plattform registriert ist und eine relevante Tätigkeit anbieten kann (§ 4 Abs. 2 PStTG).

269 Ein Nutzer ist jede natürliche Person oder jeder Rechtsträger, die oder der eine Plattform in Anspruch nimmt. Nutzer und Plattformbetreiber fallen dabei auseinander (§ 4 Abs. 1 PStTG).

270 Vgl. *Grambeck*, MwStR 2023, S. 170; *Oldiges/Reiners*, DStR 2023, S. 1293.

bundene Rechtsträger (§ 6 Abs. 2 PStTG) sind.[271] Zusätzlich wird in der Gesetzesbegründung klargestellt, dass eine Plattform zur selben Zeit auch mehrere Plattformbetreiber haben kann: „So können sich mehrere Rechtsträger verschiedenen Anbietern gegenüber zur Verfügungsstellung einer Plattform verpflichtet haben, abhängig beispielsweise von der regionalen Ansässigkeit der Anbieter oder davon, ob es sich bei ihnen um Gewerbetreibende oder Privatpersonen handelt. Daneben kann sich aus den Nutzungsbedingungen ergeben, dass durch einzelne Rechtsträger jeweils nur Teile einer Plattform zur Verfügung gestellt werden. Das ist dann der Fall, wenn einzelne Funktionen der Plattform (Webpräsenz in der jeweiligen Sprachfassung; Nutzerdatenverarbeitung; Zahlungsabwicklung u. a.) Bestandteil einer vertraglichen Vereinbarung mit dem Anbieter sind."[272] Im Ergebnis werden insbesondere die in Deutschland ansässigen Plattformbetreiber und solche, die einen übrigen Nexus zum Inland aufweisen, von den Melde- und Sorgfaltspflichten des PStTG erfasst.[273]

4.2.2 Relevante Tätigkeiten der Plattformakteure

Anders als in der zugrundeliegenden EU-Richtlinie stellt der deutsche Gesetzgeber auf den Rechtsgeschäftsabschluss ab. Dies soll laut Gesetzesbegründung zu einer einfacheren und zugleich rechtssicheren Umsetzung beitragen, indem „rein potenzielle Geschäftsvorfälle keiner Meldung an das BZSt (Bundeszentralamt für Steuern; Anm. d. Verf.) unterworfen werden. So soll die bloße Vermittlung von Möglichkeiten zu einem Geschäftsabschluss, wie beispielsweise in Form eines digitalen ‚schwarzen Bretts', bei dem das maßgebliche Rechtsgeschäft außerhalb der Plattforminfrastruktur als Bargeschäft oder anderweitig elektronisch zustande kommt, nicht erfasst sein. Denn wäre dies der Fall, bliebe für den Plattformbetreiber unbekannt, auf wie viele Ange-

271 Vgl. BMF v. 02.02.2023 – IV B 6 – S 1316/21/10019 :025, BStBl. I 2023, S. 241, Tz. 1.1.
272 BT-Drucks. 20/3436 v. 19.09.2022, S. 52.
273 Vgl. *Nürnberg*, NWB 2023, S. 1899 f. sowie insgesamt wiederum *Kälberer*, NWB-BB 2023, S. 373.

bote der Anbieter Geschäftsabschlüsse tatsächlich erfolgten bzw. ob diese überhaupt zu einem tatsächlichen Geschäftsabschluss geführt haben."[274] Gesetzestechnisch wird hier auf § 3 Abs. 1 Satz 3 Nr. 2 PStTG abgestellt, der solche Fälle ausschließt, in denen die Software lediglich das Auflisten oder die Werbung für eine relevante Tätigkeit ermöglicht. Gemeint sind damit Preisvergleichsseiten, Branchenverzeichnisse, Produktsuchmaschinen oder Jobbörsen, die das konkrete Rechtsgeschäft erst außerhalb der Plattform entstehen lassen. Auch Plattformen, die sich mit der ausschließlichen Weiterleitung von Nutzern (§ 3 Abs. 1 Satz 3 Nr. 3 PStTG) oder der reinen Zahlungsabwicklung (§ 3 Abs. 1 Satz 3 Nr. 1 PStTG) beschäftigen sind von der Meldepflicht ebenso wenig betroffen, wie die Website eines Unternehmens, die ausschließlich einen online-basierten Vertriebskanal der eigenen Waren ermöglicht.[275] Damit betrifft die Auskunftsverpflichtung im Wesentlichen

- die zeitlich begrenzte Überlassung von Nutzungen und anderen Rechten jeder Art an unbeweglichem Vermögen (z. B. kurzfristige Vermietung von Ferienunterkünften);
- die Erbringung persönlicher Dienstleistungen (z. B. Beratungsleistungen oder hand-werkliche Tätigkeiten);
- den Verkauf von Waren (z. B. Annoncierung von Gebrauchtwaren in Form von körperlichen Gegenständen; nicht also Strom, Wasser oder Wärme);
- die zeitlich begrenzte Überlassung von Nutzungen und anderen Rechten jeder Art an Verkehrsmitteln (z. B. Carsharing),

wenn sie gegen eine Vergütung erbracht werden (§ 5 Abs. 1 Satz 1 PStTG). Als Vergütung gilt dabei jegliche Form von Entgelt, die

274 BT-Drucks. 20/3436 v. 19.09.2022, S. 49; *Luther/Zawodsky/Höft*, beck.digitax 2022, S. 312.

275 Vgl. hierzu bspw. auch *Grambeck*, MwStR 2023, S. 170; *Limpinsel/Hahn*, IWB 2023 S. 48. Praktische Herausforderungen ergeben sich insbesondere in Konzernstrukturen, in denen verschiedene Konzerngesellschaften unterschiedliche Produkte im digitalen Raum vermarkten. In diesen Fällen ist auf die System- und Softwarearchitektur abzustellen, um den Kreis der meldepflichtigen Plattformen zu identifizieren, vgl. *Oldiges/Reiners*, DStR 2023, S. 1292.

einem Anbieter im Zusammenhang mit einer relevanten Tätigkeit gezahlt oder gutgeschrieben wird, abzüglich aller vom Plattformbetreiber einbehaltenen oder erhobenen Gebühren, Provisionen oder Steuern (§ 5 Abs. 2 Satz 1 PStTG). Nicht erfasst werden hingegen Tätigkeiten eines Anbieters, der als nichtselbständig Beschäftigter des Plattformbetreibers oder eines mit dem Plattformbetreiber verbundenen Rechtsträgers handelt.[276] Dies ergibt sich aus § 5 Abs. 1 Satz 2 PStTG, so dass nur Angestellte des Plattformbetreibers oder Angestellte eines mit dem Plattformbetreiber verbundenen Rechtsträgers ausgenommen sind. Tätigkeiten, die durch einen verbundenen Rechtsträger des Plattformbetreibers erbracht werden, können hingegen eine relevante Tätigkeit darstellen.[277]

Weitere Fragestellungen ergeben sich aus der Begriffsbestimmung des § 5 Abs. 3 PStTG. So erkennt die Vorschrift in einer persönlichen Dienstleistung jede zeitlich begrenzte oder auf eine bestimmte Aufgabe bezogene Tätigkeit, die von einer oder mehreren Personen entweder selbständig oder im Namen eines Rechtsträgers ausgeführt wird, nachdem sie von einem Nutzer angefordert worden ist. Dabei sei unerheblich, ob die Tätigkeit dem Nutzer virtuell oder an einem physischen Ort zur Verfügung gestellt wird. Insoweit fallen nicht nur Beförderungs- oder Lieferdienste, sondern u. a. auch 1.) handwerkliche und unterrichtende Tätigkeiten, 2.) Bürotätigkeiten, 3.) Textgestaltung, 4.) Datenbearbeitung sowie 5.) juristische und buchhalterische Tätigkeiten unter

---

276 Vgl. *Gölz-Kälberer/Kälberer*, Steuer-Seminar 2023, S. 349 f.; *Kälberer*, NWB-BB 2023, S. 371 f.

277 Vgl. BMF v. 02.02.2023 – IV B 6 – S 1316/21/10019 :025, BStBl. I 2023, S. 241, Tz. 1.6; *Kälberer*, NWB-BB 2023, S. 371 f. In Abhängigkeit des Geschäftsmodells des betreffenden meldenden Plattformbetreibers kann die Vergütung entweder direkt von den Leistungsempfängern (andere Nutzer) an die Anbieter oder über den meldenden Plattformbetreiber an die Anbieter fließen. Letzteres ist bspw. der Fall, wenn der meldende Plattformbetreiber als Inkassobeauftragter für den Anbieter tätig wird, d. h. im Auftrag des Anbieters die Vergütung für relevante Tätigkeiten bei dem Nutzer oder einem Dritten einzieht bzw. von diesem entgegennimmt und an den Anbieter weiterreicht. Zu beachten ist, dass als Vergütung nur anzusehen ist, was nach Abzug von etwaig einbehaltenen oder erhobenen Gebühren, Provisionen oder Steuern dem Anbieter zufließt. BMF v. 02.02.2023 – IV B 6 – S 1316/21/10019 :025, BStBl. I 2023, S. 241, Tz. 1.12.

den Regelungsbereich des § 5 Abs. 1 Satz 1 Nr. 2 PStTG. Voraussetzung ist jedoch, dass die Tätigkeit auf konkreten Wunsch eines bestimmten Nutzers bzw. einer bestimmten Gruppe von Nutzern ausgeführt werden; die Dienstleistungen sind also auf spezifische Anforderungen zugeschnitten. Eine persönliche Dienstleistung ist hingegen nicht anzunehmen, „wenn sie als reine Nebenleistung im Zusammenhang mit anderen Tätigkeiten erfolgt und ihr eine vollkommen untergeordnete Bedeutung zukommt (Beispiel: Verpacken und Versenden eines Artikels im Rahmen eines Warenkaufs)." Auch „bei öffentlich zugänglichen Verkehrsmitteln, die nach einem im Voraus festgelegten Fahrplan verkehren" – wie dies etwa bei Bus-, Bahn- und Fluglinien der Fall ist – handelt es sich nicht um persönliche Dienstleistungen i. S. d. PStTG.[278]

4.2.3 Analogien und Umfang der Mitwirkungspflichten

Zur Erfüllung der Registrierungs- und Meldepflichten sind weitgehende Eingriff in die unternehmensinternen Abläufe erforderlich, die unter Beachtung der Datenschutz-Grundverordnung (DS-GVO) zu erfolgen haben. Da das PStTG erweiterte Mitwirkungspflichten für Unternehmen im Bereich der Plattformökonomie regelt, „die eine Schnittstelle für Vertragsabschlüsse zwischen verschiedenen Nutzergruppen bereitstellen", dürften Analogien zu den bereits etablierten Aufzeichnungspflichten des § 22f UStG vorliegen.[279] Demnach werden Betreiber einer elektronischen Schnittstelle seit dem 01.01.2019 verpflichtet, Informationen über Umsätze, die über einen elektronischen Marktplatz, eine

278 Vgl. BT-Drucks. 20/3436 v. 19.09.2022, S. 49 (auch direkte Zitate); *Kälberer*, NWB-BB 2023, S. 374. Beratungs- und Vermittlungsleistungen stellen eine persönliche Dienstleistung nach § 5 Abs. 1 Satz 1 Nr. 2 PStTG dar, sofern diese einen hinreichend individuellen Charakter aufweisen. Ob Beratungs- und Vermittlungsleistungen über das Internet automatisiert – in dem Fall ist die Leistung durch denjenigen erbracht, der sich der Automatisierung zur Erbringung der Beratung oder Vermittlung bedient – über das Internet persönlich oder in Präsenz von einem Berater oder Ver- mittler erbracht werden, ist unbeachtlich (vgl. § 5 Abs. 3 Satz 2 PStTG). Beachte dazu BMF v. 02.02.2023 – IV B 6 – S 1316/21/10019 :025, BStBl. I 2023, S. 241, Tz. 1.7; *Kälberer*, NWB-BB 2023, S. 374.

279 Vgl. *Oldiges/Reiners*, DStR 2023, S. 1292 (direktes Zitat), S. 1295.

elektronische Plattform, ein elektronisches Portal oder über jeden anderen vergleichbaren elektronischen Handelsplatz generiert werden, aufzuzeichnen.[280]

Wird die Lieferung eines Unternehmens also von einer elektronischen Schnittstelle unterstützt und beginnt oder endet die Beförderung bzw. Versendung im Inland, hat der Betreiber folgende Grunddaten aufzuzeichnen (§ 22f Abs. 1 Satz 1 Nr. 1 bis 5 UStG sowie A 22f.1 Abs. 1 Satz 1 UStAE):

- den vollständigen Namen und die vollständige Anschrift des liefernden Unternehmers,
- die elektronische Adresse oder Website des liefernden Unternehmers,
- die dem liefernden Unternehmer vom Bundeszentralamt für Steuern (BZSt) nach § 27a UStG erteilte Umsatzsteuer- Identifikationsnummer,
- soweit bekannt, die dem liefernden Unternehmer von dem nach § 21 AO zuständigen Finanzamt erteilte Steuernummer und
- soweit ebenfalls bekannt, die Bankverbindung oder Nummer des virtuellen Kontos des Lieferers.

Zusätzlich zu den Grunddaten sind der Ort des Beginns der Beförderung oder Versendung einschließlich des Bestimmungsorts sowie der Zeitpunkt und die Höhe des Umsatzes aufzuzeichnen (§ 22f Abs. 1 Satz 1 Nr. 6 und 7 UStG). Ergänzt wird dies durch eine Beschreibung der Gegenstände sowie die Angabe der Bestellnummer oder der eindeutigen Transaktionsnummer, soweit Letztere bekannt sind (§ 22f Abs. 1 Satz 1 Nr. 8 und 9 UStG).[281]

Erfolgt die Registrierung auf dem elektronischen Marktplatz hingegen nicht als Unternehmer i. S. d. Umsatzsteuergesetzes, sondern als Privatperson, gilt § 22f Abs. 1 Satz 1 Nr. 1, 6 bis 9 UStG entsprechend.[282] Insoweit sind neben dem vollständigen Namen und der vollständigen

280 Vgl. *Kälberer*, NWB-BB 2023, S. 374.

281 Vgl. wiederum *Kälberer*, NWB-BB 2023, S. 374.

282 Vgl. § 22f Abs. 2 Satz 1 UStG.

Anschrift auch der Ort des Beförderungs- bzw. Versendungsbeginns, der Bestimmungsort, der Zeitpunkt und die Höhe des Umsatzes sowie die weiteren Angaben des § 22f Abs. 1 Satz 1 Nr. 8 und 9 UStG – d. h. Beschreibung der Gegenstände und soweit bekannt, die Bestellnummer oder die eindeutige Transaktionsnummer – aufzuzeichnen. Für Zwecke der eindeutigen Identifikation ist zudem das Geburtsdatum aufzunehmen (§ 22f Abs. 2 Satz 2 UStG). In diesen Kontext reihen sich nun die Meldepflichten des PStTG, die jedoch über die Inhalte des § 22f UStG hinausgehen, um die dynamischen Marktentwicklungen innerhalb der sog. Sharing- und Gig-Ökonomie steuerlich transparent zu machen. Vor diesem Hintergrund sind gem. § 14 Abs. 2 und 3 PStTG für Unternehmen und Privatpersonen folgende Informationen zu melden:

- Anschrift des Sitzes bzw. des Wohnsitzes;
- Steueridentifikationsnummer einschließlich EU-Mitgliedstaat der Erteilung;
- Identifikationsnummer für Umsatzsteuerzwecke (sofern vorhanden);
- Kennung und Inhaber des Finanzkontos (d. h. die IBAN; sofern vorhanden);
- EU-Mitgliedstaat der Ansässigkeit oder der Belegenheit des unbeweglichen Vermögens;
- Gebühren, Provisionen oder Steuern je Quartal des Meldezeitraums (vom Plattformbetreiber einbehalten oder berechnet);[283]
- gezahlte oder gutgeschriebene Vergütung je Quartal des Meldezeitraums;
- Anzahl der relevanten und entgeltlichen Tätigkeiten je Quartal des Meldezeitraums.[284]

---

283 Die Meldepflicht des § 14 Abs. 2 Nr. 9 PStTG erfasst sämtliche inländischen und ausländischen Steuern und Abgaben, die von dem Plattformbetreiber einbehalten oder berechnet werden. Hierunter fallen bspw. Ertragsteuern (Quellensteuern) sowie die Umsatzsteuer, die vom Plattformbetreiber geschuldet und von der an den Anbieter zu zahlenden bzw. gutzuschreibenden Vergütung abgezogen wird. BMF v. 02.02.2023 – IV B 6 – S 1316/21/10019 :025, BStBl. I 2023, S. 241, Tz. 2.7.

284 Vgl. *Gölz-Kälberer/Kälberer*, Steuer-Seminar 2023, S. 350; *Kälberer*, NWB-BB 2023, S. 375. Die Meldung der Plattformbetreiber an das BZSt hat nach amtlich

Für Unternehmen erweitern sich die meldepflichtigen Informationen gem. § 14 Abs. 3 PStTG um den eingetragenen Namen, die Handelsregisternummer und – sofern vorhanden und in die relevante Geschäftstätigkeit eingebunden – um Angaben zu einer innerhalb der Europäischen Union (EU) belegenen Betriebsstätte. Demgegenüber sind für natürliche Personen der Vor- und Nachname sowie das Geburtsdatum gesondert zu melden (§ 14 Abs. 2 PStTG).[285]

4.2.4 Gesetzgeberische Risikobewertung und Freistellung

Die Meldepflicht des § 13 PStTG und die korrespondierenden Sorgfaltspflichten beziehen sich auf meldepflichtige Anbieter, die i. S. d. § 4 Abs. 2 PStTG auf der Plattform registriert sind und einer aktiven Tätigkeit nachgehen. Entsprechende Anbieter erbringen im Meldezeitraum eine relevante Tätigkeit oder haben im gleichen Zeitraum eine Vergütung hierfür erhalten. In diesem Zusammenhang erscheint die im PStTG gewählte Terminologie eines „meldepflichtigen Anbieters“ als mitunter unglücklich gewählt, da ausschließlich der Plattformbetreiber Adressat der Melde- und Sorgfaltspflichten ist.[286] Des Weiteren wird nach der Ansässigkeit des Anbieters gefragt, die sich aus dem Sitz, dem Wohnsitz, der Steueridentifikationsnummer, der Unterhaltung einer Betriebsstätte oder aus den weiteren Angaben eines amtlichen Identifikationsdienstes ergeben kann. Die Meldepflicht setzt also einen Nexus zum Inland voraus, wohingegen bei der Überlassung von unbeweglichem Vermögen auch das EU-Ausland relevant werden kann (vgl. § 4 Abs. 6 PStTG).[287]

---

vorgeschriebenem Datensatz elektronisch im Wege der Datenfernübertragung über amtlich bestimmte Schnittstellen zu erfolgen (§ 15 Abs. 1 Satz 1 PStTG). Beachte dazu BMF v. 15.11.2023 – IV B 6 – S 1316/21/10019 :034, BStBl. I 2023, S. 1918.

285 So auch *Gölz-Kälberer/Kälberer*, Steuer-Seminar 2023, S. 350; *Kälberer*, NWB-BB 2023, S. 375.

286 Vgl. *Gölz-Kälberer/Kälberer*, Steuer-Seminar 2023, S. 351; *Grotherr*, Ubg 2023, S. 62; *Kälberer*, NWB-BB 2023, S. 375; *Oldiges/Reiners*, DStR 2023, S. 1292.

287 Vgl. *Kälberer*, NWB-BB 2023, S. 375; *Nürnberg*, NWB 2023, S. 1900.

Anders verhält es sich bei sog. freigestellten Anbietern, die im Meldezeitraum unter Inanspruchnahme derselben Plattform in weniger als 30 Fällen relevante Tätigkeiten nach § 5 Abs. 1 Satz 1 Nr. 3 PStTG erbracht und dadurch insgesamt weniger als 2.000 Euro als Vergütung gezahlt oder gutgeschrieben bekommen haben (§ 4 Abs. 5 Satz 1 Nr. 4 PStTG).[288] Maßgeblich ist die Anzahl der Rechtsgeschäftsabschlüsse; auf die Anzahl der veräußerten Artikel kommt es hingegen nicht an.[289] Laut Gesetzesbegründung wird davon ausgegangen, „dass Aktivitäten unterhalb der genannten Grenzen noch nicht den sicheren Rückschluss auf eine gewerbliche Aktivität zulassen und die steuerliche Auswirkung infolge der Aktivitäten in keinem angemessenen Verhältnis zu den mit einer Meldung verbundenen Aufwänden und den dafür erforderlichen Verarbeitungen personenbezogener Daten steht."[290]

Auch staatliche sowie börsennotierte Rechtsträger[291] gem. § 4 Abs. 5 Satz 1 Nr. 1 und 2 PStTG sind als freigestellte Anbieter zu erfassen, da

---

288 Vgl. *Gölz-Kälberer/Kälberer*, Steuer-Seminar 2023, S. 351; *Kälberer*, NWB-BB 2023, S. 375.

289 Vgl. BMF v. 02.02.2023 – IV B 6 – S 1316/21/10019 :025, BStBl. I 2023, S. 241, Tz. 1.5.

290 BT-Drucks. 20/3436 v. 19.09.2022, S. 55.

291 Gem. § 6 Abs. 3 PStTG ist ein staatlicher Rechtsträger u.a. eine Einrichtung, die sich unter der Kontrolle eines Staates oder einer oder mehrerer Gebietskörperschaften befindet. Eine Kontrolle i. S. d. Vorschrift wird ausschließlich durch Eigentum vermittelt. Daraus folgt, dass eine Einrichtung generell nicht als staatlicher Rechtsträger in Betracht kommt, wenn die Einrichtung im Miteigentum zumindest einer Person steht, bei der es sich nicht um einen Mitgliedstaat der Europäischen Union oder einen anderen Staat, einschließlich ihrer jeweiligen Gebietskörperschaften, handelt. Unter die Begriffsbestimmung des § 6 Abs. 3 PStTG fällt hiernach jeder staatlich beherrschte Rechtsträger, der formal vom Staat oder seinen Gebietskörperschaften getrennt ist, sofern die folgenden Voraussetzungen erfüllt sind: 1.) Der Rechtsträger befindet sich unmittelbar oder über einen oder mehrere andere staatliche Rechtsträger im Alleineigentum und unter der Beherrschung eines oder mehrerer staatlicher Rechtsträger. 2.) Die Nettoeinkünfte des Rechtsträgers fließen ausschließlich dem Rechtsträger oder einem anderen staatlichen Rechtsträger oder mehreren anderen staatlichen Rechtsträgern zu, ohne dass ein Teil der Einkünfte einer Privatperson zugutekommt. 3.) Die Vermögenswerte des Rechtsträgers fallen bei seiner Auflösung einem oder mehreren staatlichen Rechtsträgern zu. BMF v. 19.06.2024 – IV D 3 – S 1316/21/10019 :025, BStBl. I 2024, S. 1040.

davon auszugehen ist, dass sie ihre steuerlichen Compliance-Pflichten anderweitig sicherstellen. Dieser gesetzgeberischen Risikobewertung folgt auch § 4 Abs. 5 Satz 1 Nr. 3 PStTG, indem große Anbieter von Hotelunterkünften mit mindestens 2.000 relevanten Tätigkeiten pro Meldezeitraum und inseriertem Objekt freigestellt werden. Dies wird im Einzelnen damit begründet, dass die Steuerverwaltungen hier in der Lage sein dürften, die Einhaltung der steuerlichen Pflichten anhand übriger Informationsquellen sicherzustellen.[292] Hinsichtlich der Verwaltungs- und Befolgungskosten dürften die berücksichtigten Meldeschwellen jedoch nur eine bedingte Entlastung mit sich bringen, da diese fortwährend zu überwachen sind, was eine permanente Datenerhebung erforderlich macht.[293]
Die im Zuge der Datenerhebung gesammelten Informationen sind schließlich innerhalb der Sorgfaltspflichten (§§ 16 bis 21 PStTG) zu plausibilisieren und über eine elektronische Schnittstelle dem BZSt bis spätestens zum 31. Januar des Jahres, das auf das Kalenderjahr folgt, in dem der Anbieter als meldepflichtiger Anbieter identifiziert worden ist, zu melden; dies ergibt sich aus § 13 Abs. 1 Satz 1 PStTG.[294]

4.2.5 Sonstige Pflichten und Erwägungen zur Meldepflicht insbesondere aus verfassungsrechtlicher Sicht

Infolge des § 22 PStTG haben meldende Plattformbetreiber jeden meldepflichtigen Anbieter vor einer erstmaligen Meldung über die erhobenen Daten zu informieren. Diese Informationspflicht gilt nur für den meldepflichtigen Anbieter, so dass die Kunden des Anbieters nicht über die Datenverarbeitung zu informieren sind. Wirkt der Anbieter bei der Erhebung und Überprüfung der meldepflichtigen Angaben jedoch nicht mit, sieht § 23 PStTG entsprechende Maßnahmen vor, um

---

292 Vgl. BT-Drucks. 20/3436 v. 19.09.2022, S. 54; *Kälberer*, NWB-BB 2023, S. 375.
293 Vgl. *Oldiges/Reiners*, DStR 2023, S. 1293 wie auch in gleicher Weise: *Kälberer*, NWB-BB 2023, S. 375 f.
294 So auch *Gölz-Kälberer/Kälberer*, Steuer-Seminar 2023, S. 351; *Kälberer*, NWB-BB 2023, S. 376.

die notwendige Mitwirkung durch die meldenden Plattformbetreiber durchzusetzen. Folglich ist auch ein Widerspruch gegen die Erhebung und Weitergabe der Informationen unbeachtlich.[295]
Neben die Datenerhebung und -meldung tritt für den meldenden Plattformbetreiber schließlich eine ergänzende Datenprüfung und Prozessdokumentation. Meldende Plattformbetreiber sind verpflichtet, die von ihnen bei den Anbietern erhobenen Informationen nach Maßgabe des § 18 Abs. 1 und 2 PStTG auf ihre Plausibilität hin zu überprüfen. Auf Verlangen des BZSt sind meldende Plattformbetreiber wiederum verpflichtet, als unrichtig erachtete Informationen zu berichtigen und durch Vorlage verlässlicher, aus unabhängiger Quelle stammender Belege zu bestätigen (§ 18 Abs. 3 Satz 1 PStTG). Kommt ein meldender Plattformbetreiber den vorstehenden Verpflichtungen nicht nach und meldet er infolgedessen leichtfertig oder vorsätzlich Informationen nicht, nicht richtig, nicht vollständig oder nicht rechtzeitig, begeht er eine Ordnungswidrigkeit, die mit einem Bußgeld geahndet werden kann (§ 25 Abs. 1 Nr. 4 und 5 PStTG).[296]

---

295 Vgl. BMF v. 02.02.2023 – IV B 6 – S 1316/21/10019 :025, BStBl. I 2023, S. 241, Tz. 4.1 und 4.2; *Kälberer*, NWB-BB 2023, S. 376. Das PStTG schreibt für die Information meldepflichtiger Anbieter keine Form vor. Im Zusammenhang mit den Pflichten gem. § 22 Abs. 1 PStTG sind etwaige Vorgaben der DS-GVO zu beachten. Im Übrigen steht es den meldenden Plattformbetreibern frei, die Form der Information unter Berücksichtigung u. a. der technischen und operativen Rahmenbedingungen selbst zu bestimmen. Vgl. BMF v. 02.02.2023 – IV B 6 – S 1316/21/10019 :025, BStBl. I 2023, S. 241, Tz. 4.3; *Kälberer*, NWB-BB 2023, S. 376.

296 Vgl. BMF v. 02.02.2023 – IV B 6 – S 1316/21/10019 :025, BStBl. I 2023, S. 241, Tz. 3.2; *Kälberer*, NWB-BB 2023, S. 376. Die Verfahren zur Durchführung der Sorgfaltspflichten sind sodann nach § 20 Abs. 1 Satz 1 PStTG bis zum 31.12. des Meldezeitraums abzuschließen. In Bezug auf bestehende Anbieter (§ 4 Abs. 3 PStTG) müssen die Verfahren bis zum 31.12. des zweiten Meldezeitraums abgeschlossen werden, so dass sich die Zählung des Meldezeitraums für jeden meldenden Plattformbetreiber individuell bestimmt. Der erste Meldezeitraum ist dabei das Kalenderjahr, in dessen Verlauf die Voraussetzungen eines meldenden Plattformbetreibers erstmals erfüllt werden. Der „zweite Meldezeitraum“ entspricht dem Kalenderjahr, das auf das Kalenderjahr folgt, in dessen Verlauf die Voraussetzungen eines meldenden Plattformbetreibers erstmals erfüllt werden. BMF v. 02.02.2023 – IV B 6 – S 1316/21/10019 :025, BStBl. I 2023, S. 241, Tz. 3.8.

Abschließend sei darauf hingewiesen, dass auch Anbieter zu einer adäquaten Mitwirkung verpflichtet sind, die der Plattformbetreiber nach § 23 PStTG durchzusetzen hat: Kommt ein Anbieter der Aufforderung eines meldenden Plattformbetreibers nicht nach, die zu erhebenden Informationen vorzulegen, hat der meldende Plattformbetreiber den Anbieter zwei Mal an die Vorlage zu erinnern. Legt der Anbieter die ersuchten Informationen auch nach der zweiten Erinnerung nicht vor, hat der meldende Plattformbetreiber spätestens nach 180 Tagen, nicht aber vor Ablauf von 60 Tagen, seit der ursprünglichen Aufforderung

- die weitere Nutzung der Plattform durch den Anbieter zu verhindern, indem er diesen sperrt oder dessen Registrierung löscht, und sicherzustellen, dass der Anbieter sich nicht erneut bei der Plattform registrieren kann, oder
- Zahlungen der Vergütung an den Anbieter einzubehalten (§ 23 Sätze 1 und 2 PStTG).

Die Sperrung bzw. die Einbehaltung der Vergütung ist erst dann aufzuheben, sobald der Anbieter die ersuchten Informationen vorgelegt hat (§ 23 Satz 3 PStTG).[297] Im Ergebnis sind betroffene Unternehmen angesichts der zusätzlichen Informations- und Dokumentationspflichten[298] angehalten, den Anwendungsbereich der Regelungen zu prüfen und entsprechende IT-Voraussetzungen zu schaffen; dies bedeutet nicht nur neue Datenstrukturen und Prozessroutinen zu etablieren, sondern auch

297 So bereits auch *Kälberer*, NWB-BB 2023, S. 376.

298 Zum Verantwortungsbewusstsein der Plattformbetreiber im Lichte des Digital Services Act vgl. *Brauneck*, NVwZ 2024, S. 377 ff. sowie zum Wirkungsbereich des Gesetzes über die unternehmerischen Sorgfaltspflichten zur Vermeidung von Menschenrechtsverletzungen in Lieferketten (BGBl. I 2021, S. 2959) im Kontext der Plattformökonomie vgl. *Meyer*, ZVertriebsR 2023, S. 350 ff. Im Übrigen zu den Mitwirkungspflichten als Vollzugs- bzw. Verfahrenslastlast: *Pracht*, StuW 2024, S. 325 ff.; *Schmidt*, Das digitale Besteuerungsverfahren, 2024, S. 48 ff. Rn. 97 ff.; *Schmidt*, DStR 2024, S. 137 ff.

bestehende Compliance-Strukturen[299] und Vertragsgestaltungen einer eingehenden Beurteilung zu unterziehen. Des Weiteren sind regelmäßige Betroffenheitsanalysen durchzuführen und entsprechende Fachanweisungen einschließlich etwaiger (interner) Meldeketten zu etablieren. Denn gerade in weit verzweigten Konzernstrukturen erscheint die Frage einer Mitwirkungspflicht keinesfalls als trivial und sollte in Zweifelsfällen über das Auskunftsersuchen[300] nach § 10 Abs. 1 PStTG adressiert werden.[301]

Gleichzeitig erscheint es fraglich, weshalb der Fiskus zur Sicherstellung einer originär staatlichen Aufgabe – nämlich der Sicherstellung des Steuervollzugs[302] – eine Gebührenerhebung vorsieht, was bereits dem Grunde nach verfassungsrechtliche Bedenken aufwerfen dürfte; zumal die Gewährung von Dispositionssicherheit eine verfassungsrechtliche

---

299 Besondere Bedeutung erlangt hier zugleich die zweite Netz- und Informationssicherheitsrichtlinie (NIS 2-Richtlinie), welche die Vorgängerregelung (NIS 1) aus dem Jahr 2016 ablöst und umfangreiche Pflichten zur Cybersicherheit für Betreiber „kritischer Anlagen" und sonstige Einrichtungen aus verschiedenen Sektoren vorsieht. Insoweit reicht der Pflichtenkatalog der NIS 2-Richtlinie von konkreten technischen sowie operativen und organisatorischen Maßnahmen bis hin zu einer Meldepflicht von Sicherheitsvorfällen. Indem die Geschäftsleitenden das Risikomanagement zur Cybersicherheit „persönlich billigen und überwachen müssen", wird klargestellt, dass sich Cybersicherheit nicht länger delegieren lässt. Vgl. *Daum/Monschke*, NZG 2023, S. 813 (auch direktes Zitat); *Kälberer*, RET 3/2024, S. 71 f.; Richtlinie (EU) 2022/2555 v. 14.12.2022, Abl. EU L 333, S. 80. Beachte zudem *Biendl*, DB 2024, S. 1867 ff.; *Blum/Adelberg*, CB 2024, S. 145 ff.; *Falk/Dolle*, WPg 2024, S. 337 ff.; *Glugla*, RDi 2024, S. 421 ff.; *Hessel/Callewaert/Klose*, MMR 2023, S. 471 ff.; *Hessel/Callewaert/Klose*, RDi 2024, S. 208 ff.; *Leßner*, MMR 2024, S. 226 ff.; *Leßner/Mayr*, MMR 2024, S. 148 ff.; *Nadeborn/Ettwig*, CCZ 2024, S. 129 ff.; *Rostalski* in Martini/Möslein/Rostalski, Recht der Digitalisierung, 2024, S. 313 ff.; *Schöttle*, MMR 2024, S. 834 ff.; *Staffler*, Business Criminal Law, 2022, S. 1 ff.; *Weihe*, CCZ 2024, S. 85 ff.; *Werry/Éles*, MMR 2024, S. 829 ff. sowie zu den organisatorischen und technischen Maßnahmen vor und bei einem Cyberangriff: *Habbe/Gergen*, CCZ 2020 S. 281 ff. Vgl. im Übrigen zu den steuer(straf)rechtlichen Implikationen einer Ransomeware-Erpressung: *Eilers/Brendicke/ Kroner*, beck.digitax 2023, S. 286 ff.; *Höpfner/Stahnke*, DStR 2023, S. 2136 ff. und S. 2200 ff.

300 Vgl. dazu mithin *Oldiges/Reiners*, DStR 2023. S. 1337; *Kandlhofer*, beck.digitax 2023, S. 60 ff.

301 Vgl. *Kälberer*, NWB-BB 2023, S. 377.

302 Beachte hierzu mithin *Dorenkamp*, ifst-Schrift 548/2023, S. 72 ff.; *Drüen*, ifst-Schrift 548/2023, S. 21 ff.; *Fochmann*, ifst-Schrift 548/2023, S. 79 ff.; *Peuthert*, ifst-Schrift 548/2023, S. 41 ff.

Komponente in sich trägt. Hinzu tritt einerseits ein umfassender Kanon aus Registrierungs-, Melde- und Erhebungspflichten, die durch Verpflichtungen zur Überprüfung, Aufzeichnung und Aufbewahrung ergänzt werden. Andererseits sind meldende Plattformbetreiber angehalten die auf der Plattform agierenden Anbieter zu informieren und bei unrichtigen oder unvollständigen Angaben zur Mitwirkung durchzusetzen.[303] Das PStTG mag deshalb sinnbildlich für die Frage stehen, ob und inwieweit den (steuerrechtlichen) Mitwirkungspflichten[304] verfassungsrechtliche Grenzen gegeben sind. Zumal meldende Plattformbetreiber auf Verlangen des BZSt ein Überprüfungsverfahren gegen Anbieter auf der Plattform einzuleiten hat, was letztlich die Amtsermittlungshandlung auf den Plattformbetreiber überträgt.[305] Gleichwohl ist der Amtsermittlungsgrundsatz nicht abbedingbar; die zuständige Behörde trägt weiterhin die Letztverantwortung für den Steuervollzug, wodurch sich wiederum ein interessengeleiteter Gleichlauf einstellt.[306] Dennoch gebietet es die anzumahnende Zwecksetzung, eine jede Mitwirkungspflicht an deren Geeignetheit, Erforderlichkeit und Angemessenheit zu beurteilen. Eine besondere Rechtfertigungsbedürftigkeit fällt dabei der Indienstnahme Dritter zu, die informationsbeschaffende Handlungen zum Ziel haben.[307]

Für einen Rechtsschutz gegenüber unverhältnismäßigen Verwaltungslasten sind letztlich die Grenzen der Ermessenbetätigung im Rahmen des § 90 AO (allgemeine Mitwirkungspflicht)[308] und der speziellen

---

303 Vgl. *Grotherr*, Ubg 2023, S. 78.

304 Ähnliche Lasten treffen Kreditinstitute für den Vollzug der Kapitalertragsteuer, vgl. *Hey*, StuW 2024, S. 17.

305 Vgl. *Grotherr*, Ubg 2023, S. 78.

306 Vgl. *Hey*, StuW 2024, S. 17. Beachte auch *Drüen*, Die Indienstnahme Privater für den Vollzug von Steuergesetzen, 2012, S. 1 ff.; *Müller-Franken*, Maßvolles Verwalten, 2004, S. 1 ff. sowie *Spilker*, Behördliche Amtsermittlung, 2015, S. 1 ff.

307 Vgl. *Hey*, StuW 2024, S. 20.

308 Im Zuge des Vierten Bürokratieentlastungsgesetzes vom 23.10.2024 (BGBl. I 2024 Nr. 323) wurde § 90 Abs. 3 und 4 AO dahingehend geändert, dass eine Transaktionsmatrix als gesonderter Bestandteil der Verrechnungspreisdokumentation zu führen ist. Vgl. dazu *Engelen/Hagemeier*, IWB 2024, S. 916 ff.

Mitwirkungspflichten zu bemühen.[309] Letztere werden durch die Befugnisnormen der §§ 93 ff. AO konkretisiert, wonach die Finanzbehörden schriftliche oder mündliche Auskünfte von den Beteiligten i. S. d. § 78 AO oder anderen Personen (d. h. Dritten) einholen können;[310] zudem besteht die Möglichkeit einer eidlichen Vernehmung (§ 94 AO)[311] oder der eidesstattlichen Versicherung gem. § 95 AO.[312] Auch können Sachverständige hinzugezogen (§ 96 AO)[313], Urkunden von Beteiligten oder Dritten vorgelegt (§ 97 AO), Augenschein eingenommen (§ 98 AO)[314] und Wertsachen zur Inaugenscheinnahme von Beteiligten oder Dritten vorgelegt (§ 100 AO) werden.[315] Des Weiteren lassen sich über die von den deutschen Banken bzw. Kreditinstituten unterhaltene Kontenevidenzzentrale die Kontenstammdaten – nicht jedoch die Kontenstände und -bewegungen – abrufen. Im Ergebnis handelt es sich bei den Auskunfts-, Vorlage- und Duldungsersuchen der

309 Vgl. *Hey*, StuW 2024, S. 22. Zu den Folgen der Nichterfüllung etwaiger Mitwirkungspflichten vgl. bspw. *Jochum*, Die Mitwirkungspflichten des Steuerpflichtigen in der Außenprüfung, 2011, S. 471 ff.

310 Grundlage dieser Befugnis ist § 93 AO. Vgl. dazu eingehend *Rätke* in Klein, AO, 18. Aufl. 2024, Rn. 1 ff. zu § 93 AO sowie *Haselmann* in Koenig, AO, 5. Aufl. 2024, Rn. 1 ff. zu § 93 AO.

311 Vgl. dazu *Rätke* in Klein, AO, 18. Aufl. 2024, Rn. 1 ff. zu § 94 AO sowie *Haselmann* in Koenig, AO, 5. Aufl. 2024, Rn. 1 ff. zu § 94 AO.

312 Mit Blick auf die Versicherung an Eides statt gem. § 95 AO beachte u. a. *Rätke* in Klein, AO, 18. Aufl. 2024, Rn. 1 ff. zu § 95 AO sowie *Haselmann* in Koenig, AO, 5. Aufl. 2024, Rn. 1 ff. zu § 95 AO.

313 Die Zuziehung von Sachverständigen spielt in der Praxis eine eher untergeordnete Rolle, vgl. *Seer* in Tipke/Lang, Steuerrecht, 25. Aufl. 2024, S. 1540 Rn. 21.192. Vgl. im Einzelnen *Rätke* in Klein, AO, 18. Aufl. 2024, Rn. 1 ff. zu § 96 AO sowie *Haselmann* in Koenig, AO, 5. Aufl. 2024, Rn. 1 ff. zu § 96 AO.

314 Zum Zwecke der Augenscheinnahme kann sowohl gegenüber Beteiligten, als auch gegenüber Dritten das Betreten von Grundstücken und Räumen angeordnet werden; dies ergibt sich im Weiteren aus § 99 AO.

315 Zum Beweis durch Urkunden und Augenschein (§§ 97 bis 100 AO): *Rätke* in Klein, AO, 18. Aufl. 2024, Rn. 1 ff. zu § 97 AO, Rn. 1 ff. zu § 98 AO, Rn. 1 ff. zu § 99 AO und Rn. 1 ff. zu § 100 AO; *Haselmann* in Koenig, AO, 5. Aufl. 2024, Rn. 1 ff. zu § 97 AO, Rn. 1 ff. zu § 98 AO, Rn. 1 ff. zu § 99 AO und Rn. 1 ff. zu § 100 AO.

§§ 93 ff. AO grundsätzlich um Verwaltungsakte; der Kontenabruf über das BZSt ist hingegen als schlichter Realakt zu qualifizieren.[316]
Die Mitwirkungspflichten bestehen indes nicht uneingeschränkt: „Gegenüber Einzelakten auf der Grundlage von §§ 90 ff. AO funktioniert das Verhältnismäßigkeitsprinzip als Grenze des Übermaßverbots und der Zumutbarkeit."[317] Im Übrigen sind die verfassungsrechtlichen Anforderungen gering, was in der Judikatur in der Gestalt zum Ausdruck kommt, dass die Indienstnahme Dritter für öffentliche Aufgaben zwar an Art. 12 Abs. 1 GG (Berufsfreiheit) gemessen wird, aber ohne im Einzelnen die Verhältnismäßigkeit infrage zu stellen.[318] Für das Aufzeigen freiheitsrechtlicher Grenzen bedarf es deshalb einer Zweck-Mittel-Relation, die in einer gleichheitssatzkonformen Steuervereinnahmung wurzelt, d. h.:[319] „Der Eingriff muss zur Erreichung eines legitimen Eingriffsziels geeignet sein und darf nicht weiter gehen, als es die Gemeinwohlbelange erfordern; ferner müssen Eingriffszweck und Eingriffsintensität in einem angemessenen Verhältnis stehen".[320] Angesichts der Komplexität des (vorgelagerten) materiellen Rechts, sind die zu dessen Vollziehung erforderlichen Pflichten gleichfalls hochkomplex;[321] die Mitwirkungspflicht wird zu einer steuerverfahrensrechtlichen Nebenfolge – mithin zu einer Selbstverständlichkeit.[322]

---

316 Vgl. *Seer* in Tipke/Lang, Steuerrecht, 25. Aufl. 2024, S. 1540 f. Rn. 21.192.

317 *Hey*, StuW 2024, S. 22.

318 Vgl. *Hey*, StuW 2024, S. 22 mit einer Übersicht zur Rechtsprechung in Fn. 79.

319 Vgl. *Hey*, StuW 2024, S. 22.

320 BVerfG v. 22.03.2022 – 1 BvR 2868/15, 1 BvR 2886/15, 1 BvR 2887/15, 1 BvR 354/16, NVwZ 2022, S. 1048.

321 Vgl. *Hey*, StuW 2024, S. 22.

322 Vgl. *Kirchhof, G.*, DStR 2023, S. 360; *Palm*, DVBl. 2023, S. 193.

5 Fazit: Befolgungslasten und das Potential der Digitalisierung

Die Digitalisierung vermag den Garten zur Freiheit zu öffnen;[323] wobei die personale Freiheit nur über Selbstbegrenzungsmechanismen gesellschaftlich etabliert werden kann. Dies gilt schon deshalb, da Hedonismus und ein ungezügelter Egoismus die originäre Idee personaler Freiheit per se diskreditiert. Und so versteht sich die Dialektik der Freiheitsgewinnung durch Beschränkung als das eigentliche (neuzeitliche) Grundprinzip, welches mit der unmittelbar funktionalen Ausgestaltung sozialer Interaktionsräume verbunden ist:[324] „(M)aterielle Freiheit durch kluge Anpassung an die Formensprache selbständig gemachter, aber dadurch auch wechselseitig begrenzter Ordnungssysteme wie Wirtschaft, Recht oder Politik."[325]

Angesichts einer sich durch Digitalisierung und Technologisierung weiter umwälzenden Gesellschaftsordnung bedeutet dies zugleich die Leitlinien zwischen Lebensalltag und ökonomischer Interaktion neu einzurichten.[326] Denn waren einst Steuererklärungen, Betriebsprüfungen und Kontrollmitteilungen zur Wahrung der Gesetz- und Gleichmäßigkeit der Besteuerung ausreichend, hat sich diese Sichtweise in den letzten Jahren grundlegend geändert. Basierend auf nationalen Regelungen, europäischen Vorgaben sowie völkerrechtlichen Vereinbarungen, wie dem „Multilateral Competent Authority Agreement on Automatic Exchange of Financial Account Information" (MCAA-CRS), wurden die Kontroll- und Verifikationsmöglichkeiten der Finanzver-

323 Vgl. *Kirchhof, P.*, Der sanfte Verlust der Freiheit, 2004, S. XI.
324 Vgl. *Di Fabio* in Di Fabio, Reformation und die Ethik der Wirtschaft, 2018, S. 74.
325 *Di Fabio* in Di Fabio, Reformation und die Ethik der Wirtschaft, 2018, S. 79.
326 Vgl. *Di Fabio* in Di Fabio, Reformation und die Ethik der Wirtschaft, 2018, S. 87.

waltung seitdem fortlaufend erweitert. Letzteres wird durch den „Common Reporting Standard“ ergänzt, der den weltweiten Austausch von Finanzkonteninformationen anhand einheitlicher Maßstäbe ermöglicht und in Deutschland mit dem Finanzkonten-Informationsaustauschgesetz (FKAustG) in nationales Recht umgesetzt wurde.[327] Das sich daraus ergebende Spannungsverhältnis zwischen Öffentlichkeit und Vertraulichkeitserfordernissen wird durch die veränderten Modalitäten der Datenerhebung nochmals verstärkt. So sind Behörden, Sozialversicherungsträger und andere Institutionen (z. B. Kreditinstitute) dazu verpflichtet den Finanzbehörden Daten zu übermitteln oder ihnen einen umfassenden Datenzugriff zu gewähren.[328] Damit ergeben sich zwangsläufig Fragen zur Publizität, Transparenz und der Freiheitswahrung.[329] So hatte der EuGH[330] zur voraussetzungslosen Transparenz zuletzt klargestellt, dass die europäische Geldwäscherichtlinie, und damit die Grundlage des Transparenzregisters[331], teilweise rechtswidrig sei.[332] Dies gelte insoweit, als „dass die Mitgliedstaaten sicherstellen, dass die Informationen über die wirtschaftlichen Eigentümer der in ihrem Gebiet eingetragenen Gesellschaften oder anderen juristischen Personen in allen Fällen für alle Mitglieder der Öffentlichkeit zugänglich sind.“[333] Übertragen auf die weitreichenden Transparenz- und Pu-

327 Vgl. *Mellinghoff*, StuW 2023, S. 5 f. und S. 8.

328 Vgl. *Mellinghoff*, StuW 2023, S. 5 f.

329 Vgl. *Mellinghoff*, StuW 2023, S. 6.

330 Vgl. EuGH (Große Kammer) v. 22.11.2022 – C-37/20, C-601/20, WM u. a. / Luxembourg Business Registers, ESG 2022, S. 306.

331 Mit dem auf europäisches Recht beruhenden und im „Gesetz über das Aufspüren von Gewinnen aus schweren Straftaten“ (GWG) geregelte Transparenzregister soll Geldwäsche und Terrorismusfinanzierung verhindert werden. Vgl. *Mellinghoff*, StuW 2023, S. 9 f.

332 Vgl. *Mellinghoff*, StuW 2023, S. 10 f.

333 EuGH (Große Kammer) v. 22.11.2022 – C-37/20, C-601/20, WM u. a. / Luxembourg Business Registers, ESG 2022, S. 306. Im Weiteren wird darauf hingewiesen, dass „(d)er mit dieser Regelung verbundene Eingriff in die in den Art. 7 und 8 der Charta garantierten Rechte auf Achtung ihres Privat- und Familienlebens, ihrer Wohnung und ihrer Kommunikation sowie auf Schutz der sie betreffenden personenbezogenen Daten, der sich aus dem Zugang aller Mitglieder der Öffentlichkeit zu den Informationen über die wirtschaftlichen Eigentümer ergibt, (..) nicht auf das absolut Erforderliche beschränkt“ sei.

blizitätserfordernisse gilt festzuhalten, dass das Steuergeheimnis und der Datenschutz im Steuerrecht zwar verankert sind, es aber an einem einheitlichen – und nicht zuletzt nachvollziehbaren – Konzept für die Verwaltung und dem Schutz steuerlicher Daten sowie zur Grenzziehung der Publizität im Steuerrecht fehlt.[334]

Es sind schließlich die Freiheitsrechte, die dem (Steuer-)Gesetzgeber die Pflicht auferlegen, „den jeweils schonendsten gleich wirksamen Eingriff zu wählen".[335] Indem Steuern automatisch erhoben werden, wäre der Gewinn an Freiheit, Gleichheit und Rechtsstaatlichkeit, an steuerlicher Effizienz und Transparenz, wie auch an informationeller Gleichheit groß.[336] Letztendlich vollendet sich Besteuerungsgleichheit erst im tatsächlichen Vollzug:[337] „Der Gleichheitssatz verlangt für das Steuerrecht, daß die Steuerpflichtigen durch ein Steuergesetz rechtlich und tatsächlich gleich belastet werden. Die Besteuerungsgleichheit hat mithin als ihre Komponenten die Gleichheit der normativen Steuerpflicht ebenso wie die Gleichheit bei deren Durchsetzung in der Steuererhebung. Daraus folgt, daß das materielle Steuergesetz in ein normatives Umfeld eingebettet sein muß, welches die Gleichheit der Belastung auch hinsichtlich des tatsächlichen Erfolgs prinzipiell gewährleistet."[338] Doch je komplizierter und undurchsichtiger Steuergesetze sind, desto mehr wird der Steuervollzug zur Herkulesaufgabe – mithin zur Sisyphusarbeit, soweit die auferlegten Steuerbefolgungspflichten nicht mit den durch sie ermöglichten Steuereinnahmen in einem angemessenen Verhältnis stehen.[339] Vor diesem Hintergrund bildet die Rechtsanwendungsgleichheit das Scharnier zwischen materiellem Recht und steuerlichem Verfahrensrecht; der effektive Steuervollzug ist „ein Allgemeingut von herausgehobener Bedeutung".[340] Letzteres tritt jedoch in

334 Vgl. *Mellinghoff*, StuW 2023, S. 5 ff.
335 Vgl. *Kirchhof, G.*, DStR 2023, S. 355 (auch direktes Zitat).
336 Vgl. *Kirchhof, G.*, DStR 2023, S. 355. Im Einzelnen zur Rechtsstaatlichkeit und dem Grundrechtsschutz in einer digitalen Gesellschaft: *Papier*, NJW 2017, S. 3025 ff.
337 Vgl. *Drüen*, StuW 2023, S. 53.
338 BVerfG v. 27.06.1991 – 2 BvR 1493/89, BVerfGE 84, S. 270, 1. Leitsatz.
339 Vgl. *Hey*, StuW 2024, S. 16.
340 Vgl. BVerfG v. 13.06.2007 – 1 BvR 1550/03, 1 BvR 2357/04, 1 BvR 603/05, NJW 2007, S. 2469; *Hey*, StuW 2024, S. 16.

einen Zwiespalt, indem ein beständiger Aufwuchs an Mitwirkungs- und Dokumentationspflichten zu rechtfertigen sind, wohingegen sie zugleich ein Zeichen strukturellen Misstrauens bilden.[341] Es verwundert also nicht, wenn jedwede Mitwirkungshandlung in einem Mehr an Steuervollzug ihre Rechtfertigung findet. Richtigerweise wäre jedoch nicht nur die Art der Mitwirkungspflicht, sondern auch die daran geknüpften Rechtsfolgen in die Abwägung miteinzubeziehen. Maßgeblich für die Schwere des Eingriffs sind damit die Mitwirkungspflichten des Steuerschuldners für Zwecke der eigenen Steuerschuld einerseits und die Mitwirkungspflichten zur Erfüllung fremder Steuerschulden im Wege der Indienstnahme andererseits. Letzteres gilt umso mehr, soweit dies mit der Verarbeitung von Informationen korreliert, die gesondert in Erfahrung zu bringen sind.[342] Denn Informationsbeschaffungspflichten wiegen schließlich schwerer, als die Meldung von Daten, die bereits aus anderen Gründen zu erheben sind.[343] Derartige „Sowieso-Daten" tragen jedoch regelmäßig weitgehende Rechtsfolgen (Haftungstatbestände, ordnungs- und strafrechtliche Sanktionen) in sich und müssen für Zwecke der Verarbeitung unterschiedlich aufbereitet werden. Dies wiegt umso schwerer, wenn es sich – wie im Falle der Grundsteuer[344] – um Daten handelt, die anderen staatlichen Stellen ohnehin bereits gemeldet wurden.[345] „Die Anordnung einer eigenständigen Erklärungspflicht ist jedenfalls dann nicht erforderlich und wird spätestens dadurch unverhältnismäßig, dass an die Nichtbefolgung stets Sanktionen geknüpft sind, wenn die staatlicherseits bereits verfügbaren Daten unmittelbar zum Steueranspruch führen, ohne dass es weiterer Informationen seitens des Steuerpflichtigen bedarf."[346] Die Vorstellung einer automatischen Grundsteuerveranlagung auf Basis öffentlich verfügbarer Geo-Daten (bspw. über Google Earth) oder die Be-

341 Vgl. *Hey*, StuW 2024, S. 16 f.; *Kirchhof, P.*, DStR 2023, S. 1801.

342 Vgl. *Hey*, StuW 2024, S. 23.

343 Vgl. *Hey*, StuW 2024, S. 23 mit Verweis auf BVerfG v. 22.03.2022 – 1 BvR 2868/15, 1 BvR 2886/15, 1 BvR 2887/15, 1 BvR 354/16, NVwZ 2022, S. 1048.

344 Beachte hierzu *Kirchhof, G.*, DB 2023, S. 1116 ff.; *Palm*, DVBl. 2023, S. 191 ff.

345 Vgl. *Hey*, StuW 2024, S. 23.

346 *Hey*, StuW 2024, S. 23.

rücksichtigung von Krankheitskosten als außergewöhnliche Belastungen im Zuge einer unmittelbaren Verknüpfung mit der elektronischen Krankenakte mag deshalb ein unbehagliches Gefühl eines „obrigkeitlich-inquisitorischen Vollzugskonzepts" hinterlassen.[347] Dem tritt ein kooperativer Steuervollzug entgegen, der sich in freiheitsschonender Weise auf Akzeptanz begründet und die Kooperationsbereitschaft der Betroffenen nachhaltig stärkt;[348] die Befolgbarkeit formt sich aus der Vollziehbarkeit und umgekehrt.[349] Der Digitalisierung liegt damit das Potential zugrunde, die Steuerpflichtigen bei der Erfüllung ihrer Mitwirkungspflichten zu unterstützen, um so die gegenseitige Akzeptanz zu wahren.[350] Im Ergebnis belastet nicht die einzelne (ggf. unverhältnismäßige) Mitwirkungspflicht das steuerrechtliche Schuldverhältnis, sondern deren Zusammenspiel und Häufung. Es sind die additiven Grundrechtseingriffe[351], die es nahezu unmöglich machen eine Verwaltungs- bzw. Belastungsobergrenze zu definieren – der Suche nach digitaltauglichen Konzepten für Steuerrecht und Steuervollzug ist damit weiterer Forschungsbedarf einzuräumen.[352]

---

347 Vgl. *Hey*, StuW 2024, S. 21; *Straßburger*, DStR 2023, S. 375.

348 Vgl. *Straßburger*, DStR 2023, S. 373 ff.

349 Vgl. *Hey*, StuW 2024, S. 25.

350 Vgl. *Hey*, StuW 2024, S. 25. Beispielhaft sei hier der KI-basierte Chatbot „Fred" genannt, der seit August 2019 in Österreich den Steuerpflichtigen bei Zweifelsfragen zur Abgabe der Steuererklärung zur Seite steht. Vgl. *Drummler*, beck.digitax 2024, S. 257 ff.

351 Vgl. auch BVerfG v. 12.04.2005 – 2 BvR 581/01, NJW 2005, S. 1338 ff.; *Drüen*, Die Indienstnahme Privater für den Vollzug von Steuergesetzen, 2012, S. 382.

352 Vgl. mithin *Drüen*, StuW 2023, S. 54; *Hey*, StuW 2024, S. 21 und beachte zudem: *Kirchhof, G.*, DStR 2023, S. 355 ff.; *Kirchhof, P.*, DStR 2018, S. 497 ff.; *Kirchhof, P.*, DStR 2023, S. 1801 ff.; *Mellinghoff*, StuW 2023, S. 5 ff.

Literaturverzeichnis

Wissenschaftliche Ausarbeitungen
Monographien, Beiträge in Handbücher und anderen Sammelwerken sowie Artikel in Periodika

A

Ahrendt, Christian (2017): Alte Zöpfe neu geflochten – Das materielle Recht in der Hand von Programmierern, in: *Neue Juristische Wochenschrift* 2017, S. 537–540.

Almås, Ingvild / Cappelen, Alexander W. / Tungodden, Bertil (2020): Cutthroat Capitalism versus Cuddly Socialism: Are Americans More Meritocratic and Efficiency-Seeking than Scandinavians?, in: *Journal of Political Economy* 2020, S. 1753–1788.

Anzinger, Heribert M. (2019): Möglichkeiten der Digitalisierung des Rechts, in: Digitalisierung im Steuerrecht, Hrsg.: Hey, Johanna, 43. Jahrestagung der Deutschen Steuerjuristischen Gesellschaft e.V. in Köln, 17. und 18. September 2018, DStJG Band 42, Verlag Dr. Otto Schmidt, Köln 2019, S. 15–58.

Anzinger, Heribert M. (2022): Steuergerechtigkeit in der Zeit, in: *Steuer und Wirtschaft* 2022, S. 300–310.

Arndt, Hans-Wolfgang (1988): Gleichheit im Steuerrecht, in: *Neue Zeitschrift für Verwaltungsrecht* 1988, S. 787–794.

Atilgan, Erdogan (2023): Steuergerechtigkeit: Die Notwendigkeit der Besteuerung des kommerzialisierbaren Teils des Namensrechts von Influencern – trotz der Kritik in der Steuerberatungspraxis, in: *Deutsches Steuerrecht* 2023, S. 2425–2428.

Augsberg, Ino (2024): Methodisch verfahren – Zur Verteidigung von Ambiguität im und durch das Recht, in: *JuristenZeitung* 2024, S. 157–166.

B

Bach, Stefan (1991): Die Perspektiven des Leistungsfähigkeitsprinzips im gegenwärtigen Steuerrecht, in: *Steuer und Wirtschaft* 1991, S. 116–135.

Barczak, Tristan (2024): Dämmerung der Demokratie: Grundrechte als Gefahr?, in: *JuristenZeitung* 2024, S. 417–426.

Becker, Jan Dierk / Dürrfeld, Armin / Mank, Katharina / Totzek, Alexander (2024): Steuerliche Implikationen aus der Nutzung von künstlicher Intelligenz im Unternehmen – Chancen und Risiken von KI-Projekten, in: *NWB Steuer- und Wirtschaftsrecht* 2024, S. 2116–2129.

Becker, Johanna H. (2024): Sind pauschale Zinssätze im Ertragsteuerrecht (noch) verfassungsgemäß?, in: *Deutsches Steuerrecht* 2024, S. 2097–2104.

Becker, Wolfgang / Pflaum, Alexander (2019): Begriff der Digitalisierung – Extension und Intension aus betriebswirtschaftlicher Perspektive, in: Geschäftsmodelle in der digitalen Welt – Strategien, Prozesse und Praxiserfahrungen, Hrsg.: Becker, Wolfgang / Eierle, Brigitte / Fliaster, Alexander / Ivens, Björn / Leischnig, Alexander / Pflaum, Alexander, Sucky, Eric, Springer Gabler – Springer Fachmedien, Wiesbaden 2019, S. 3–13.

Beckmann, Bernd (2022): Einführung in das Klimaschutzrecht (101. Lieferung, Stand: Juni 2023), in: Umweltrecht, Hrsg.: Beckmann, Martin / Durner, Wolfgang / Mann, Thomas / Röckinghausen, Marc, Kommentar, Loseblattsammlung, Band 2, Werkstand: 104. Lieferung, Juni 2024, Verlag C. H. Beck, München 2024.

Beirat Verwaltungsverfahrensrecht beim Bundesministerium des Innern (2015): Automatisiert erlassene Verwaltungsakte und Bekanntgabe über Internetplattformen – Fortentwicklung des Verfahrensrechts im Zeichen der Digitalisierung: Wie können rechtsstaatliche Standards gewahrt werden?, Stellungnahme des Beirats Verwaltungsverfahrensrecht beim Bundesministerium des Innern zur Frage der Zulassung vollständig automatisiert erlassener Verwaltungsakte und zur Bekanntgabe von Verwaltungsakten über Internetplattformen, in: *Neue Zeitschrift für Verwaltungsrecht* 2015, S. 1114–1118.

Biendl, Michael (2024): Cybersicherheitsanforderungen nach dem Cyber Resilience Act der Europäischen Union – Diese Pflichten kommen auf Hersteller vernetzter Geräte, Software und Cloud-Dienste zu –, in: *Der Betrieb* 2024, S. 1867–1874.

Birk, Dieter (1983 a): Das Leistungsfähigkeitsprinzip als Maßstab der Steuernormen – Ein Beitrag zu den Grundfragen des Verhältnisses Steuerrecht und Verfassungsrecht, in: Steuerwissenschaft, Hrsg.: Freericks, Wolfgang / Friauf, Karl Heinrich / Kirchhof, Paul / Ruppe, Hans Georg, Band 13, Dr. Peter Deubner Verlag, Köln 1983.

Birk, Dieter (1983 b): Zum Stand der Theoriediskussion in der Steuerrechtswissenschaft – Erwiderung zu Walter Leisner, Von der Leistung zur Leistungsfähigkeit – die soziale Nivellierung, StuW 1983, 97, in: *Steuer und Wirtschaft* 1983, S. 293–299.

Birk, Dieter (2001): Finanzierungszwecke und Lenkungszwecke in einem verfassungsmäßigen Steuersystem, in: Grundrechtsschutz im Steuerrecht – Tagungsband zur Jahrestagung der Deutschen Sektion der Internationalen Juristen-Kommission vom 24. September bis 26. September 1999 in Trier, C. F. Müller Verlag, Heidelberg 2001, S. 67–88.

Birk, Dieter (2004): Kontinuitätsgewähr und Vertrauensschutz, in: Vertrauensschutz im Steuerrecht, Hrsg.: Pezzer, Heinz-Jürgen, 28. Jahrestagung der Deutschen Steuerjuristischen Gesellschaft e.V. in Graz, 15. und 16. September 2003, DStJG Band 27, Verlag Dr. Otto Schmidt, Köln 2004, S. 9–23.

Birk, Dieter (2009): Verfassungsfragen im Steuerrecht – Eine Zwischenbilanz nach den jüngsten Entscheidungen des BFH und des BVerfG, in: *Deutsches Steuerrecht* 2009, S. 877–882.

Birk, Dieter (2018): Ein (kritischer) Blick auf das finanzrichterliche Selbstverständnis, in: *Deutsches Steuerrecht* 2018, S. 1–9.

Birk, Dieter / Desens, Marc / Tappe, Henning (2024): Steuerrecht, 27. Aufl., C. F. Müller, Heidelberg 2024.

Birkholz, Marco (2024): Mensch oder KI – Rechtsanwendung oder Rechtsfindung?, in: *Künstliche Intelligenz und Recht* 2024, S. 91–94.

Bleschick, Sascha (2024): Die Typisierungsbefugnis des Steuergesetzgebers in der Rechtsprechung des Bundesverfassungsgerichts – Systematische Analyse der Rechtsprechung beider Senate des Bundesverfassungsgerichts zur Zulässigkeit von Vereinfachungszwecknormen im Steuerrecht, in: Steuerrechtsschutz im Wandel der Zeit – Festschrift 75 Jahre Finanzgericht Münster, Hrsg.: Wolsztynski, Christian / Coenen, Martin / Krumm, Marcel, Verlag C. H. Beck, München 2024, S. 91–103.

Blischke, André (2020): Die Mitunternehmerschaft im Einkommensteuerrecht – Abschirmwirkung und Durchgriffsgrenzen durch Steuerrechtssubjektivität, in: Steuerrecht im Rechtsstaat, Hrsg.: Desens, Marc / Drüen, Klaus-Dieter / Krumm, Marcel, Band 4, Verlag C. H. Beck, München 2020.

Blum, Lucas / Adelberg, Philipp (2024): Zeitenwende bei der Cybersecurity-Compliance: Ausweg aus der Haftungsfalle für die Geschäftsleitung, in: *Compliance-Berater* 2024, S. 145–150.

Blumenstein, Ernst (1928): Die Steuer als Rechtsverhältnis, in: Beiträge zur Finanzwissenschaft – Festgabe für Georg von Schanz zum 75. Geburtstag 12. März 1928, Hrsg.: Teschemacher, Hans, Band 2, Verlag J. C. B. Mohr (Paul Siebeck), Tübingen 1928, S. 1–37.

Bräumann, Peter / Luketina, Marina / Tumpel, Michael (2024): Predictive Analytics, Machine Learning & Co. im Steuervollzug: Risikomanagement der österreichischen Finanzverwaltung, Konsequenzen für Unternehmen und Erfahrungen der Betriebsprüfer, in: *Betriebswirtschaftliche Forschung und Praxis* 2024, S. 571–593.

Braun Binder, Nadja (2016): Vollautomatisierte Verwaltungsverfahren im allgemeinen Verwaltungsverfahrensrecht? – Der Gesetzesentwurf zur Modernisierung des Besteuerungsverfahrens als Vorbild für vollautomatisierte Verwaltungsverfahren nach dem VwVfG, in: *Neue Zeitschrift für Verwaltungsrecht* 2016, S. 960–965.

Brauneck, Jens (2024): Das Verantwortungsbewusstsein der Plattformbetreiber im Digital Services Act, in: *Neue Zeitschrift für Verwaltungsrecht* 2024, S. 377–384.

Breidenbach, Stephan / Glatz, Florian (2020): Die Digitalisierung des Rechts, in: *beck.digitax* 2020, S. 18–23.

Britz, Gabriele (1988): Klimaschutz in der Rechtsprechung des Bundesverfassungsgerichts, in: *Neue Zeitschrift für Verwaltungsrecht* 2022, S. 825–834.

Braun, Michel / Hoppe, Thomas / Köppe-Karkutsch (2024): Generative AI ist gekommen, um zu bleiben – Meet your new Coworkers!, in: *beck.digitax* 2024, S. 46–57.

Burger, Silvan / Kälberer, Daniel (2020): Rechts- und Planungssicherheit im Zeichen einer neuen Weltsteuerordnung, in: *Internationales Steuerrecht* 2020, S. 411–417.

Busch, Christoph (2018): Fairness und Transparenz in der Plattformökonomie – Der Vorschlag für eine EU-Verordnung über Online-Plattformen, in: *Zeitschrift für Internationales Wirtschaftsrecht* 2018, S. 147–152.

Busch, Christoph (2019): Mehr Fairness und Transparenz in der Plattformökonomie? – Die neue P2B-Verordnung im Überblick, in: *Gewerblicher Rechtsschutz und Urheberrecht* 2019, S. 788–796.

C

Calliess, Christian (2022): Kommentierung zu Art. 20a GG (98. Lieferung, Stand: März 2022), in: Grundgesetz, begründet von Maunz, Theodor / Dürig, Günter, herausgegeben von Herzog, Roman / Herdegen, Matthias / Scholz, Rupert / Klein, Hans H., Kommentar, Loseblattsammlung, Band 3 – Art. 17–28, Werkstand: 105. Lieferung, August 2024, Verlag C. H. Beck, München 2024.

Coenen, Martin (2024): Der Finanzgerichtsprozess im digitalen Wandel, in: Steuerrechtsschutz im Wandel der Zeit – Festschrift 75 Jahre Finanzgericht Münster, Hrsg.: Wolsztynski, Christian / Coenen, Martin / Krumm, Marcel, Verlag C. H. Beck, München 2024, S. 69–87.

Cortez, Benjamin S. / Lang, Andreas (2024 a): Pillar One, in: *NWB Internationales Steuer- und Wirtschaftsrecht* 2024, S. 476–477.

Cortez, Benjamin S. / Lang, Andreas (2024 b): Pillar Two, in: *NWB Internationales Steuer- und Wirtschaftsrecht* 2024, S. 630–631.

D

Dapprich, Niklas (2023): Die passive Entstrickung im mehrdimensionalen Spannungsverhältnis zwischen europäischem Binnenmarkt, Steuerstaat und Leistungsfähigkeitsprinzip – Zugleich ein Beitrag zur Maßgeblichkeit des Verfassungsrechts für die Ausgestaltung des Europäischen und Internationalen Steuerrechts, in: *Steuer und Wirtschaft* 2023, S. 123–144.

Daum, Andreas / Monschke, Julian (2023): Cybersecurity – ein Compliancethema, in: *Neue Zeitschrift für Gesellschaftsrecht* 2023, S. 813.

Denker, Daniel / Kälberer, Daniel (2024): Betriebsprüfung im Metaverse – Praktische Überlegungen zur steuerlichen Betriebsprüfung im virtuellen Raum, in: *Rethinking Tax*, Ausgabe 5, 2024, S. 57–66.

Desens, Marc (2016): Die Verwirklichung des Leistungsfähigkeitsprinzips als Maßstab der Steuernormen in der Rechtsprechung des BVerfG, in: *Steuer und Wirtschaft* 2016, S. 240–255.

Desens, Marc (2022): Der Leistungsfähigkeitsgedanke und die Entstrickung im Spiegel der europäischen Freizügigkeitsrechte, in: *Finanz-Rundschau* 2022, S. 681–688.

Di Fabio, Udo (2001): Kommentierung zu Art. 2 Abs. 1 GG (39. Lieferung, Stand: Juli 2001), in: Grundgesetz, begründet von Maunz, Theodor / Dürig, Günter, herausgegeben von Herzog, Roman / Herdegen, Matthias / Scholz, Rupert / Klein, Hans H., Kommentar, Loseblattsammlung, Band 1 – Art. 1–5, Werkstand: 105. Lieferung, August 2024, Verlag C. H. Beck, München 2024.

Di Fabio, Udo (2007): Steuern und Gerechtigkeit – Das Freiheits- und Gleichheitsgebot im Steuerrecht, in: *JuristenZeitung* 2007, S. 749–755.

Di Fabio, Udo (2018): Reformatorische Ethik zwischen Logik der Wirtschaft und Privatautonomie des Lebensalltags, in: Reformation und die Ethik der Wirtschaft, Hrsg.: Di Fabio, Udo, Mohr Siebeck, Tübingen 2018, S. 65–88.

Dorenkamp, Christian (2023): Zukunft des Steuervollzugs aus Unternehmenssicht, in: Steuermoral und Steuervollzug, Tagungsband zur ifst-Jahrestagung am 31. Mai 2022, ifst-Schrift 548, Berlin 2023, S. 72–78.

Drüen, Klaus-Dieter (2012): Die Indienstnahme Privater für den Vollzug von Steuergesetzen, Jus Publicum – Beiträge zum Öffentlichen Recht, Band 218, Mohr Siebeck, Tübingen 2012.

Drüen, Klaus-Dieter (2019 a): Digitalisierung im Steuerrecht – Eröffnung der Jahrestagung, in: Digitalisierung im Steuerrecht, Hrsg.: Hey, Johanna, 43. Jahrestagung der Deutschen Steuerjuristischen Gesellschaft e.V. in Köln, 17. und 18. September 2018, DStJG Band 42, Verlag Dr. Otto Schmidt, Köln 2019, S. 1–14.

Drüen, Klaus-Dieter (2019 b): Amtsermittlungsgrundsatz und Risikomanagement, in: Digitalisierung im Steuerrecht, Hrsg.: Hey, Johanna, 43. Jahrestagung der Deutschen Steuerjuristischen Gesellschaft e.V. in Köln, 17. und 18. September 2018, DStJG Band 42, Verlag Dr. Otto Schmidt, Köln 2019, S. 193–222.

Drüen, Klaus-Dieter (2022): Kommentierung zu § 3 AO (169. Lieferung, Stand: Februar 2022), in: Abgabenordnung – Finanzgerichtsordnung, begründet von Tipke, Klaus / Kruse, Heinrich Wilhelm, fortgeführt von Seer, Roman / Brandis, Peter / Drüen, Klaus-Dieter / Loose, Matthias / Krumm, Marcel, Kommentar, Loseblattsammlung, Band 1, Werkstand: Juni 2024, Verlag Dr. Otto Schmidt, Köln 2024.

Drüen, Klaus-Dieter (2023 a): Konzeptpflichten für Steuergesetzgebung und Steuervollzug?, in: *Steuer und Wirtschaft* 2023, S. 43–54.

Drüen, Klaus-Dieter (2023 b): Maßstäbe für einen fairen und effektiven Steuervollzug, in: Steuermoral und Steuervollzug, Tagungsband zur ifst-Jahrestagung am 31. Mai 2022, ifst-Schrift 548, Berlin 2023, S. 21–40.

Drummler, Jakob (2024): Einsatz von Künstlicher Intelligenz in der österreichischen Steuerbehörde und europäische Grundrechte der Steuerzahler, in: *beck.digitax* 2024, S. 252–270.

E

Egner, Thomas / Gries, Matthias (2024): Steuerrecht im digitalen Wandel: Wie die Digitalisierung den Steuerbereich restrukturiert – Schwerpunktthema: Digitalisierung und Besteuerung, in: *Betriebswirtschaftliche Forschung und Praxis* 2024, S. 529–556.

Egner, Thomas / Gries, Matthias / Kalb, Anna-Lena (2022): Digitale Transformation des steuerberatenden Berufs – Status quo der Maßnahmen zum Aufbau des Tax-Tech-Know-hows, in: *beck.digitax* 2022, S. 209–2016.

Ehrke-Rabel, Tina (2024): Steuersubjektivität bei Organschaft und Mehrwertsteuergruppen – Konzepte rechtsträgerübergreifender Besteuerung, in: Transparente Besteuerung und Steuersubjektivität, Hrsg.: Desens, Marc, 47. Jahrestagung der Deutschen Steuerjuristischen Gesellschaft e.V. in Leipzig, 11. und 12. September 2023, DStJG Band 46, Verlag Dr. Otto Schmidt, Köln 2024, S. 333–355.

Eilers, Stephan / Brendicke, Felix / Kroner, Philip (2023): Steuerrecht und Cybercrime – Werden Risiken angemessen steuerrechtlich bewältigt?, in: *beck.digitax* 2023, S. 286–291.

Enders, Jana-Sophie (2024): Fiskalzwecke im Steuerverfassungsrecht, in: Schriften zum Steuerrecht, Band 196, Duncker & Humblot, Berlin 2024.

Endres, Chiara / Mellinghoff, Rudolf (2022): Digitalisierung der Steuergesetzgebung, in: *beck.digitax* 2022, S. 366–377.

Engelen, Christian / Hagemeier, Frederik (2024): Verrechnungspreisdokumentation ab dem 1.1.2025 – Änderungen durch das Vierte Bürokratieentlastungsgesetz, in: *NWB Internationales Steuer- und Wirtschaftsrecht* 2024, S. 916–919.

Englisch, Joachim (2005): Dividendenbesteuerung – Europa- und verfassungsrechtliche Vorgaben im Vergleich der Körperschaftsteuersysteme Deutschlands und Spaniens, in: Rechtsordnung und Steuerwesen, Hrsg.: Schön, Wolfgang / Hüttemann, Rainer, Band 34, Verlag Dr. Otto Schmidt, Köln 2005.

Englisch, Joachim (2022): Belastungsgrund und Ausgestaltung der Grunderwerbsteuer, in: Immobilien im Steuerrecht, Hrsg.: Drüen, Klaus-Dieter, 45. Jahrestagung der Deutschen Steuerjuristischen Gesellschaft e.V. Online, 20. und 21. September 2021, DStJG Band 45, Verlag Dr. Otto Schmidt, Köln 2022, S. 361–420.

Englisch, Joachim (2024): Körperschaftsteueroption: Gleichheitswidrige Besteuerung nach Wahl oder notwendiges Gleichstellungsvehikel?, in: Steuerrechtsschutz im Wandel der Zeit – Festschrift 75 Jahre Finanzgericht Münster, Hrsg.: Wolsztynski, Christian / Coenen, Martin / Krumm, Marcel, Verlag C. H. Beck, München 2024, S. 105–127.

Essers, Peter (2022): Tax Justice and European Tax Law, in: *Steuer und Wirtschaft* 2022, S. 325–328.

F

Falk, Michael / Dolle, Wilhelm (2024): Herausforderungen bei der effizienten Umsetzung von NIS-2 – NIS-2 im Spannungsfeld fehlender nationaler Umsetzungsvorgaben und der Notwendigkeit für pragmatische Verbesserungen des Cyber-Risikos, in: *Die Wirtschaftsprüfung* 2024, S. 337–343.

Faßbender, Kurt (2021): Der Klima-Beschluss des BVerfG – Inhalte, Folgen und offene Fragen, in: *Neue Juristische Wochenschrift* 2021, S. 2085–2091.

Fertig, Andreas (2018): Verlustabzug bei Körperschaften (§§ 8c, 8d KStG) – viel Lärm um nichts?, in: *Die Unternehmensbesteuerung* 2018, S. 521–530.

Fischer, Carola (2023): Das DAC7-Umsetzungsgesetz – Neues für Plattformbetreiber und Änderungen bei der Betriebsprüfung, in: *NWB Unternehmensteuern und Bilanzen* 2023, S. 129–134.

Fochmann, Martin (2023): Ergänzende Maßnahmen zur Verbesserung des Steuervollzugs – Was beeinflusst die Steuerehrlichkeit? – Eine verhaltensökonomische Perspektive, in: Steuermoral und Steuervollzug, Tagungsband zur ifst-Jahrestagung am 31. Mai 2022, ifst-Schrift 548, Berlin 2023, S. 79–95.

Franke, Siegfried F. (1984): Zur politischen Funktion konsensmobilisierender Formeln in der parlamentarischen Demokratie: Das Beispiel des Leistungsfähigkeitsprinzips, in: *Steuer und Wirtschaft* 1984, S. 32–39.

Franzius, Claudio (2022): Der Klimabeschluss des BVerfG – Eine verfassungsrechtliche Einordnung, in: *Klima und Recht* 2022, S. 102–107.

Friauf, Karl Heinrich (1989): Steuervereinfachung versus Lenkungsnormen, in: Steuervereinfachung, Hrsg.: Fischer, Peter, DStJG Band 21, Verlag Dr. Otto Schmidt, Köln 1989, S. 85–98.

Friedell, Egon (2023): Kulturgeschichte der Neuzeit – Die Krisis der Europäischen Seele von der Schwarzen Pest bis zum Ersten Weltkrieg, Sonderausgabe, 4. Aufl., Verlag C. H. Beck, München 2023.

Friesike, Sascha / Sprondel, Johanna (2022): Träge Transformation – Welche Denkfehler den digitalen Wandel blockieren, Philipp Reclam jun. Verlag, Ditzingen 2022.

G

Gadamer, Hans-Georg (2010): Wahrheit und Methode – Grundzüge einer philosophischen Hermeneutik (Hermeneutik I), Gesammelte Werke, Band 1, 7. Aufl., Mohr Siebeck, Tübingen 2010.

Gegusch, Dietmar (2023): Die Digitalisierung der Kommunikation mit den Finanzgerichten und die Folgen für Compliance-Prozesse in größeren Organisationen, in: *beck.digitax* 2023, S. 95–99.

Gegusch, Dietmar (2024): Kommunikation mit den Finanzgerichten: Ein Revival des Faxgekes, in: *beck.digitax* 2024, S. 241–243.

Gersch, Eva-Maria (2024): Kommentierung zu § 3 AO, in: Abgabenordnung – einschließlich Steuerstrafrecht, begründet von Klein, Franz / Orlopp, Gerd, Kommentar, 18. Aufl., Verlag C. H. Beck, München 2024.

Gerster, Frank / Schmal, Fabian (2023): Neue Meldepflichten mit DAC7 – Welche digitalen Geschäftsmodelle sind betroffen?, in: *beck.digitax* 2023, S. 54–58.

Glaser, Andreas (2012): Verfassungs- und unionsrechtliche Grenzen steuerlicher Lenkung, in: *Steuer und Wirtschaft* 2012, S. 168–181.

Glugla, Catharina (2024): Cybersicherheit in der KI-Verordnung, in: *Recht Digital* 2024, S. 421–425.

Gölz-Kälberer, Beate / Kälberer, Daniel (2021): Besteuerung der Einkünfte aus nichtselbstständiger Arbeit – Praxisleitfaden für Steuerfachangestellte, NWB Verlag, Herne 2021.

Gölz-Kälberer, Beate / Kälberer, Daniel (2023): Meldepflicht für Betreiber digitaler Plattformen durch das Plattformen-Steuertransparenzgesetz, in: *Steuer-Seminar* 2023, S. 347–352.

Gomille, Christian / Frenzel, Max / Heffinger, Matthias (2024): Die visuelle Wahrnehmung von Gericht und Beteiligten in der Videoverhandlung, in: *Recht Digital* 2024, S. 153–162.

Grambeck, Hans-Martin (2023): Plattformbetreiber und -nutzer aufgepasst – Meldepflichten und fiktive Leistungsketten implizieren steuerliche Transparenz und Mehrbelastungen, in: *Mehrwertsteuerrecht* 2023, S. 169–173.

Greil, Eva / Mellinghoff, Rudolf / Egbert, David / Schmidt, Simon David; Coenen, Kristiina /Groß, Stefan / Braun, Michel / Köppe-Karkutsch (2024): Künstliche Intelligenz im Steuerrecht, ifst-Schrift 552, Berlin 2024.

Grotherr, Siegfried (2023 a): Einführung von Melde- und Sorgfaltspflichten für Plattformbetreiber nach dem Plattformen-Steuertransparenzgesetz ab 2023 – Umsetzung der „DAC7-Richtlinie", in: *Die Unternehmensbesteuerung* 2023, S. 60–79.

Grotherr, Siegfried (2023 b): Klärung weiterer Anwendungsfragen zum Plattformen-Steuertransparenzgesetz – Analyse der wesentlichen Klarstellungen im BMF-Schreiben vom 2.2.2023, in: *Die Unternehmensbesteuerung* 2023, S. 113–120.

Grotherr, Siegfried (2023 c): BZSt klärt weitere Anwendungsfragen zum Plattformen-Steuertransparenzgesetz in einem FAQ, in: *Die Unternehmensbesteuerung* 2023, S. 702–709.

Grupp, Klaus (2000): Haushalts- und Abgabenrecht, in: Besonderes Verwaltungsrecht – Ein Lehr- und Handbuch, Hrsg.: Achterberg, Norbert / Püttner, Günter / Würtenberger, Thomas, Band 2 – Kommunal-, Haushalts-, Abgaben-, Ordnungs-, Sozial-, Dienstrecht, 2. Aufl., C. F. Müller, Heidelberg 2000, S. 153–252.

Grzeszick, Bernd (2022): Kommentierung zu Art. 20 GG (97. Lieferung, Stand: Januar 2022), in: Grundgesetz, begründet von Maunz, Theodor / Dürig, Günter, herausgegeben von Herzog, Roman / Herdegen, Matthias / Scholz, Rupert / Klein, Hans H., Kommentar, Loseblattsammlung, Band 2 – Art. 17–28, Werkstand: 105. Lieferung, August 2024, Verlag C. H. Beck, München 2024.

H

Habbe, Julia Sophie / Gergen, Philipp (2020): Compliance vor und bei Cyberangriffen – Pflichten der Geschäftsleitung und deren konkrete Umsetzung in der Praxis, in: *Corporate Compliance* 2020, S. 281–286.

Hahlweg, Jan (2024 a): Kommentierung zu § 85 AO, in: Abgabenordnung, Hrsg.: Koenig, Ulrich, Kommentar, 5. Aufl., Verlag C. H. Beck, München 2024.

Hahlweg, Jan (2024 b): Kommentierung zu § 88 AO, in: Abgabenordnung, Hrsg.: Koenig, Ulrich, Kommentar, 5. Aufl., Verlag C. H. Beck, München 2024.

Hahn, Hartmut (1984): Die Grundsätze der Gesetzmäßigkeit der Besteuerung und der Tatbestandsmäßigkeit der Besteuerung in rechtsvergleichender Sicht, in: Tübinger Schriften zum internationalen und europäischen Recht, Hrsg.: Oppermann, Thomas in Gemeinschaft mit Hopt, Klaus J. et al., Band 11, Duncker & Humblot, Berlin 1984.

Hansjürgens, Bernd (2001): Äquivalenzprinzip und Staatsfinanzierung, in: Finanzwissenschaftliche Forschungsarbeiten – Finanzwissenschaftliches Forschungsinstitut an der Universität zu Köln, Hrsg.: Hansmeyer, Karl-Heinrich / Kitterer, Wolfgang / Mackscheidt, Klaus, Neue Folge Band 72, Duncker & Humblot, Berlin 2001.

Hanzl, Martin / Pelzmann, Helen / Schragl, Markus (Hrsg.) (2021): Handbuch Digitalisierung – Eine Betrachtung aus technologischer, rechtlicher und steuerrechtlicher Sicht, Linde Verlag, Wien 2021.

Haselmann, Jan (2024 a): Kommentierung zu § 93 AO, in: Abgabenordnung, Hrsg.: Koenig, Ulrich, Kommentar, 5. Aufl., Verlag C. H. Beck, München 2024.

Haselmann, Jan (2024 b): Kommentierung zu § 94 AO, in: Abgabenordnung, Hrsg.: Koenig, Ulrich, Kommentar, 5. Aufl., Verlag C. H. Beck, München 2024.

Haselmann, Jan (2024 c): Kommentierung zu § 95 AO, in: Abgabenordnung, Hrsg.: Koenig, Ulrich, Kommentar, 5. Aufl., Verlag C. H. Beck, München 2024.

Haselmann, Jan (2024 d): Kommentierung zu § 96 AO, in: Abgabenordnung, Hrsg.: Koenig, Ulrich, Kommentar, 5. Aufl., Verlag C. H. Beck, München 2024.

Haselmann, Jan (2024 e): Kommentierung zu § 97 AO, in: Abgabenordnung, Hrsg.: Koenig, Ulrich, Kommentar, 5. Aufl., Verlag C. H. Beck, München 2024.

Haselmann, Jan (2024 f): Kommentierung zu § 98 AO, in: Abgabenordnung, Hrsg.: Koenig, Ulrich, Kommentar, 5. Aufl., Verlag C. H. Beck, München 2024.

Haselmann, Jan (2024 g): Kommentierung zu § 99 AO, in: Abgabenordnung, Hrsg.: Koenig, Ulrich, Kommentar, 5. Aufl., Verlag C. H. Beck, München 2024.

Haselmann, Jan (2024 h): Kommentierung zu § 100 AO, in: Abgabenordnung, Hrsg.: Koenig, Ulrich, Kommentar, 5. Aufl., Verlag C. H. Beck, München 2024.

Haubner, David (2024): Rechtspolitische Perspektiven der transparenten Besteuerung – Finanzverwaltung, in: Transparente Besteuerung und Steuersubjektivität, Hrsg.: Desens, Marc, 47. Jahrestagung der Deutschen Steuerjuristischen Gesellschaft e.V. in Leipzig, 11. und 12. September 2023, DStJG Band 46, Verlag Dr. Otto Schmidt, Köln 2024, S. 451–482.

Haucap, Justus (2020): Plattformökonomie: neue Wettbewerbsregeln – Renaissance der Missbrauchsaufsicht, in: *Wirtschaftsdienst* 2020, Konferenzheft, S. 20–29.

Hechtner, Frank / Hölscher, Reinhold (2022): Der bürgerfreundliche Einkommensteuerbescheid – eine qualitative Analyse –, in: Anwendungsorientierte steuerliche Betriebswirtschaftslehre, Rechnungswesen – Steuerarten – Unternehmensstrukturen, Festschrift zum 65. Geburtstag von Heinz Kußmaul, Hrsg.: Richter, Lutz / Meyering, Stephan / Sopp, Karina, Erich Schmidt Verlag, Berlin 2022, S. 431–446.

Heggmair, Maik / Riedl, Andreas / Wutschke, Christopher (2015): Betriebsstätten von Unternehmen der Digital Economy – Eine kritische Analyse der zu erfüllenden Tatbestandsmerkmale für eine Betriebsstätte in der Digital Economy, in: *Internationales Steuerrecht* 2015, S. 92–97.

Helbich, Julius (2017): Rechtsfragen der „automatisierten“ Ermessensausübung im Steuerrecht, in: *Deutsches Steuerrecht* 2017, S. 574–579.

Heidbüchel, Anna-Katharina (2024 a): Die Plattformökonomie im Fokus des Europäischen Steuerrechts: Die steuerlichen Pflichten von Betreibern digitaler Plattformen (Teil 1), in: *beck.digitax* 2024, S. 142–151.

Heidbüchel, Anna-Katharina (2024 b): Die Plattformökonomie im Fokus des Europäischen Steuerrechts: Die steuerlichen Pflichten von Betreibern digitaler Plattformen (Teil 2), in: *beck.digitax* 2024, S. 219–231.

Heidbüchel, Anna-Katharina (2024 c): Die Plattformökonomie im Fokus des Europäischen Steuerrechts: Die steuerlichen Pflichten von Betreibern digitaler Plattformen (Teil 3), in: *beck.digitax* 2024, S. 314–325.

Heidbüchel, Anna-Katharina (2024 d): Die Plattformökonomie im Fokus des Europäischen Steuerrechts: Die steuerlichen Pflichten von Betreibern digitaler Plattformen (Teil 4), in: *beck.digitax* 2024, S. 374–379.

Heil, Svetlana / Pupeter, Alexander (2017): Lizenzschranke – Update zum Inkrafttreten des § 4j EStG, in: *Betriebs-Berater* 2017, S. 1947–1952.

Heine, Michael / Trinks, Matthias (2024): Aktuelle steuerliche Entwicklungen für Creator und Influencer, in: *beck.digitax* 2024, S. 231–236.

Hemmerich, Kristina / Günther, Johannes (2021): Der kommerzialisierbare Teil des Namensrechts als Wirtschaftsgut 4.0 – Implikationen für die Berufsgruppe der Influencer, in: *Deutsches Steuerrecht* 2021, S. 2321–2329.

Hendricks, Michael / Kern, Philipp (2024): Generalthema II: Streitvermeidung und Streitbeilegung im internationalen Steuerrecht – Wo steht Deutschland?, in: *Internationales Steuerrecht* 2024, S. 795–807.

Hennrichs, Joachim (2002): Dualismus der Unternehmensbesteuerung aus gesellschaftsrechtlicher und steuersystematischer Sicht – Oder: Die nach wie vor unvollendete Unternehmenssteuerreform, in: *Steuer und Wirtschaft* 2002, S. 201–216.

Hennrichs, Joachim (2024 a): Rechtspolitische Perspektiven der transparenten Besteuerung – Wissenschaft, in: Transparente Besteuerung und Steuersubjektivität, Hrsg.: Desens, Marc, 47. Jahrestagung der Deutschen Steuerjuristischen Gesellschaft e.V. in Leipzig, 11. und 12. September 2023, DStJG Band 46, Verlag Dr. Otto Schmidt, Köln 2024, S. 431–450.

Hennrichs, Joachim (2024 b): Diskussion zu den Referaten von Prof. Dr. Lars Hummel, Prof. Dr. Joachim Hennrichs und Dr. David Haubner, in: Transparente Besteuerung und Steuersubjektivität, Hrsg.: Desens, Marc, 47. Jahrestagung der Deutschen Steuerjuristischen Gesellschaft e.V. in Leipzig, 11. und 12. September 2023, DStJG Band 46, Verlag Dr. Otto Schmidt, Köln 2024, S. 483–493.

Herbert, Ulrich (2019): Kommentierung zu § 76 FGO, in: Finanzgerichtsordnung – mit Nebengesetzen, begründet von Gräber, Fritz, Kommentar, 9. Aufl., Verlag C. H. Beck, München 2019.

Herdegen, Matthias (2002): Informalisierung und Entparlamentarisierung politischer Entscheidungen als Gefährdung der Verfassung?, in: Veröffentlichungen der Vereinigung der Deutschen Staatsrechtslehrer, Berichte und Diskussionen auf der Tagung der Vereinigung der Deutschen Staatsrechtslehrer in St. Gallen vom 1. – 5. Oktober 2002, Heft 62, De Gruyter Rechtswissenschaften Verlag, Berlin 2002, S. 7–36.

Hermann, Christian (2024): Prozessoptimierung in der Justiz, in: *Recht Digital* 2024, S. 371–378.

Hessel, Stefan / Callewaert, Christoph / Klose, Carsten (2023): Sicherheits-Update für das IT-Vertragsrecht – Das neue europäische Cybersicherheitsrecht in der Vertragsgestaltung, in: *Zeitschrift für IT-Recht und Recht der Digitalisierung* 2023, S. 471–476.

Hessel, Stefan / Callewaert, Christoph / Klose, Carsten (2024): Die NIS-2-Richtlinie aus Unternehmensperspektive – Cybersicherheit wird Recht in: *Recht Digital* 2024, S. 208–215.

Hey, Johanna (2002): Steuerplanungssicherheit als Rechtsproblem, Verlag Dr. Otto Schmidt, Köln 2002.

Hey, Johanna (2016): Erscheinungsformen steuerlicher Wirtschaftspolitik, in: Steuerrecht und Wirtschaftspolitik, Hrsg.: Sieker, Susanne, 40. Jahrestagung der Deutschen Steuerjuristischen Gesellschaft e.V. in Halle, 14. und 15. September 2015, DStJG Band 39, Verlag Dr. Otto Schmidt, Köln 2016, S. 11–52.

Hey, Johanna (2019): Steuergesetzgebungslehre, in: *Steuer und Wirtschaft* 2019, S. 3–21.

Hey, Johanna (2023 a): Vom strukturellen Vollzugsdefizit zum norminhärenten Befolgungs- und Vollziehbarkeitsmangel, in: *Steuer und Wirtschaft* 2023, S. 55–69.

Hey, Johanna (2023 b): Gleichheitssätze im europäischen Steuerrecht, in: Europäisches Steuerverfassungsrecht – Symposium aus Anlass der Verabschiedung von Professor Dr. h.c. Rudolf Mellinghoff als Präsident des Bundesfinanzhofs, Hrsg.: Hey, Johanna / Schön, Wolfgang, MPI Studies in Tax Law and Public Finance, Band 11, Springer Verlag, Berlin 2023, S. 143–191.

Hey, Johanna (2024 a): Verfassungsrechtliche Grenzen steuerrechtlicher Mitwirkungspflichten – Steuervollzug im Dienste der Gleichheit und Freiheit, in: *Steuer und Wirtschaft* 2024, S. 16–25.

Hey, Johanna (2024 b): Steuersystem und Steuerverfassungsrecht, in: Steuerrecht, begründet von Tipke, Klaus, fortgeführt bis zur 20. Aufl. u. a. von Lang, Joachim, fortgeführt von Seer, Roman / Hey, Johanna / Montag, Heinrich / Englisch, Joachim / Hennrichs, Joachim, 25. Aufl., Verlag Dr. Otto Schmidt, Köln 2024, S. 75–167.

Hey, Johanna (2024 c): Arten und Rechtfertigung von Steuervergünstigungen, in: Steuerrecht, begründet von Tipke, Klaus, fortgeführt bis zur 20. Aufl. u. a. von Lang, Joachim, fortgeführt von Seer, Roman / Hey, Johanna / Montag, Heinrich / Englisch, Joachim / Hennrichs, Joachim, 25. Aufl., Verlag Dr. Otto Schmidt, Köln 2024, S. 1423–1453.

Hiller, Matthias (2015): Bewertungsmaßstäbe im Bilanzsteuerrecht, in: Reihe: Steuer, Wirtschaft und Recht, Hrsg.: Bischoff, Johannes Georg / Kellermann, Alfred / Sieben, Günter / Herzig, Norbert, Band 356, Josef Eul Verlag, Lohmar – Köln 2015.

Höpfner, Andreas / Stahnke, Nils (2023 a): Ransomware-Erpressungen aus der Perspektive des Steuer(straf)rechts (Teil I), in: *Deutsches Steuerrecht* 2023, S. 2136–2142.

Höpfner, Andreas / Stahnke, Nils (2023 b): Ransomware-Erpressungen aus der Perspektive des Steuer(straf)rechts (Teil II), in: *Deutsches Steuerrecht* 2023, S. 2200–2207.

Hongler, Peter (2022 a): Steuerharmonisierung und Finanzausgleich – Eine Abhandlung zur Abhängigkeit der Steuergerechtigkeitsdiskussion von der Grundstruktur, in: *Steuer und Wirtschaft* 2022, S. 329–335.

Hongler, Peter (2022 b): Das Leistungsfähigkeitsprinzip im Vielsteuersystem, in: Zukunftsfragen des Steuerrechts IV, Hrsg.: Schön, Wolfgang / Stark, Johanna, MPI Studies in Tax Law and Public Finance, Band 10, Springer Verlag, Berlin 2022, S. 157–178.

Hoffmann-Riem, Wolfgang (2022): Recht im Sog der digitalen Transformation, in: Schriften zum Recht der Digitalisierung, Hrsg.: Möslein, Florian / Omlor, Sebastian / Will, Martin, Band 11, Mohr Siebeck, Tübingen 2022.

Horstmann, Christoph (2022): Nachhaltigkeit, Leistungsfähigkeit und Internationales Steuerrecht – (Auch) eine Replik auf Kraft/Kockrow IStR 2022, 60, in: *Internationales Steuerrecht* 2022, S. 349–352.

Horstmann, Christoph (2023): Die Besteuerung von Entlastungen nach dem EWSG und die Herstellung sozialer Gerechtigkeit durch das Steuerrecht, in: *Deutsches Steuerrecht* 2023, S. 481–489.

Hoss, Sören (2024): NFTs in der Umsatzsteuer – Besonderheiten im Unternehmen, in: *beck.digitax* 2024, S. 95–104.

Hübner, Hendrik (2023): Reform der Ablaufhemmung für die Außenprüfung – Kritische Analyse der durch das DAC-7-Umsetzungsgesetz eingeführten Neuregelungen, in: *Die Unternehmensbesteuerung* 2023, S. 248–262.

Hübner, Hendrik / Jesic, Adrijan / Leucht, Nils (2023): Reform der Kooperation in Außenprüfungen? – Teil 1: Eine kritische Analyse der durch das DAC-7-Umsetzungsgesetz eingeführten Neuregelungen, in: *Die Unternehmensbesteuerung* 2023, S. 293–300.

Hübner, Hendrik / Jesic, Adrijan / Leucht, Nils (2023): Reform der Kooperation in Außenprüfungen? – Teil 2: Eine kritische Analyse der durch das DAC-7-Umsetzungsgesetz eingeführten Neuregelungen, in: *Die Unternehmensbesteuerung* 2023, S. 370–376.

Hundertmark, Lukas / Meller-Hannich, Caroline (2023): Digitale Verfahrensstrukturierung in Massenverfahren, in: *Recht Digital* 2023, S. 317–325.

Huneke, Maike / Hörner, Isabelle (2024): Digitalisierung: Anpassung des Prozessrechts – Entwicklungen und Chancen im Zivilprozessrecht 4.0, in: *Der Betrieb* 2024, Heft 38, S. M4-M5.

Husserl, Gerhart (1955): Recht und Zeit – Fünf rechtsphilosophische Essays, Verlag Vittorio Klostermann, Frankfurt am Main 1955.

I

Isensee, Josef (1994): Vom Beruf unserer Zeit für Steuervereinfachung, in: *Steuer und Wirtschaft* 1994, S. 3–14.

J

Jachmann-Michel, Monika (2017): Die Freiheit vor dem Steuergesetz im Rechtsstaat – Anknüpfend an Paul Kirchhof, StuW 2017, 3 ff. –, in: *Steuer und Wirtschaft* 2017, S. 209–216.

Jachmann-Michel, Monika (2018): Der Schutz des Steuerpflichtigen durch Freiheitsrechte und Gleichheitssatz – Zu Paul Kirchhof, StuW 2018, 1, in: *Steuer und Wirtschaft* 2018, S. 6–8.

Jarass, Hans D. (2024): Kommentierung zu Art. 20 GG, in: Grundgesetz für die Bundesrepublik Deutschland, bearbeitet von Jarass, Hans D. / Kment, Martin, bis zur 15. Aufl. bearbeitet von Jarass, Hans D. / Pieroth, Bodo, 18. Aufl. 2024, Verlag C. H. Beck, München 2024.

Jobin, Anna / Ienca, Marcello / Vayena, Effy (2019): The global landscape of AI ethics guidelines, in: *Nature Machine Intelligence* 2019, S. 389–399.

Jochum, Alexander (2011): Die Mitwirkungspflichten des Steuerpflichtigen in der Außenprüfung – Grundlagen, Datenzugriff, internationale Sachverhalte, Sanktionen, in: Steuerrecht und Steuerberatung, Band 52, Erich Schmidt Verlag, Berlin 2011.

K

Kälberer, Daniel (2019): Steuerliche Förderung der Energieeffizienz in Deutschland – Eine Analyse des ökonomischen und rechtlichen Rahmens zur Einführung einer steuerlichen Energieeffizienzförderung sowie eine Untersuchung des Einflusses von Energie- und Umweltpolitik auf das Wirtschafts- und Steuerrecht, in: Reihe: Steuer, Wirtschaft und Recht, Hrsg.: Bischoff, Johannes Georg / Herzig, Norbert, Band 361, Josef Eul Verlag, Siegburg 2019.

Kälberer, Daniel (2020): Steuerliche Förderung der Energieeffizienz in Deutschland – Eine ökonomische und rechtliche Analyse, in: *Steuer und Wirtschaft* 2020, S. 91–102.

Kälberer, Daniel (2021): Blockchain-Technologie: Virtuelle Währungen aus handels- und steuerbilanzieller Sicht – Teil 1: Konzept und Funktionsweise – Ansatz sowie Ausweis in der Handels- und Steuerbilanz, in: *Zeitschrift für Bilanzierung, Rechnungswesen und Controlling* 2021, S. 417–423.

Kälberer, Daniel (2023): Neue Melde- und Sorgfaltspflichten für Betreiber digitaler Plattformen – Handlungsbedarf durch das Plattformen-Steuertransparenzgesetz, in: *NWB Betriebswirtschaftliche Beratung* 2023, S. 371–377.

Kälberer, Daniel (2024 a): Der AI Act und die Quadratur des Kreises: Künstliche Intelligenz, digitale Souveränität und Cybersicherheit als Herausforderung für den steuerberatenden Beruf, in: *Rethinking Tax*, Ausgabe 3, 2024, S. 66–73.

Kälberer, Daniel (2024 b): Digitalisierung im steuerberatenden Umfeld, in: Fachassistent Digitalisierung und IT-Prozesse, Hrsg.: Kälberer, Daniel / Kammer, Raphael, NWB Verlag, Herne 2024 (im Erscheinen), S. 21–32.

Kalb, Anna-Lena (2023): Digitale Infrastruktur für den steuerberatenden Berufsstand: die Steuerberaterplattform und das besondere elektronische Steuerberaterpostfach (beSt) als digitaler Ankerpunkt, in: *beck.digitax* 2023, S. 52–56.

Kamchen, Sven (2024): Besteuerung von Liquidity Mining – Eine Gesamtanalyse, in: *Deutsches Steuerrecht* 2024, S. 857–860.

Kandlhofer, Ferdinand (2023): Die verbindliche Auskunft im Sinne des Plattformen-Steuertransparenzgesetzes, in: *beck.digitax* 2023, S. 60–62.

Kanzler, Hans-Joachim (2003): Gewerbeverlust: Ernstliche Zweifel an Verfassungsmäßigkeit der Mindestbesteuerung bei Zugriff auf Existenzminimum, in: *Finanz-Rundschau* 2003, S. 663–666.

Kanzler, Hans-Joachim (2024): Zum Abschlussbericht der Expertenkommission „Bürgernahe Einkommensteuer“, in: *Finanz-Rundschau* 2024, S. 729–735.

Kaufmann, Niklas (2023): Das Plattformen-Steuertransparenzgesetz (PStTG) – Ein Überblick unter Berücksichtigung des BMF-Schreibens v. 2.2.2023 – IV B 6 – S 1316/21/10019 :025, in: *beck.digitax* 2023, S. 192–198.

Kempny, Simon (2014): Steuerrecht und Verfassungsrecht, in: *Steuer und Wirtschaft* 2014, S. 185–199.

Kempny, Simon (2021): Gedanken zum „Leistungsfähigkeitsprinzip“ – Rekonstruktion eines Schlüsselbegriffs als Beitrag zur Rationalisierung des Diskurses über Steuergerechtigkeit, in: *Steuer und Wirtschaft* 2021, S. 85–110.

Kiel, Eva (2024): Grenzen des Einsatzes von Legal Tech in Gerichtsverfahren – Betrachtungen zu einer zweckrationalen Fundierung, in: *Neue Juristische Wochenschrift* 2024, S. 2971–2974.

Kilian, Matthias (2017): Die Zukunft der Juristen – Weniger, anders, weiblicher, spezialisierter, alternativer – und entbehrlicher?, in: *Neue Juristische Wochenschrift* 2017, S. 3043–3050.

Kirchhof, Ferdinand (2017): Das Leistungsfähigkeitsprinzip nach dem Grundgesetz – Zu- stand und Zukunft, in: *Betriebs-Berater* 2017, S. 662–667.

Kirchhof, Gregor (2014): Abgaben, in: Öffentliches Wettbewerbsrecht – Neuvermessung eines Rechtsgebiets, Hrsg.: Kirchhof, Gregor / Korte, Stefan / Magen, Stefan, C. F. Müller, Heidelberg et al. 2014, S. 401–430.

Kirchhof, Gregor (2017): Der digitalisierte Steuerzahler, in: *Austrian Law Journal*, Ausgabe 2, 2021, S. 125–134.

Kirchhof, Gregor (2020 a): Einführung zum EStG (297. Lieferung, Stand: April 2020), in: EStG, KStG – Kommentar zum Einkommen- und Körperschaftsteuergesetz, begründet von Mrozek, Alfons / Kennerknecht, Albert, fortgeführt von Herrmann, Carl / Heuer, Gerhard / Raupach, Arndt, gesamtverantwortliche Hrsg.: Hey, Johanna / Klein, Martin / Wendt, Michael, Kommentar, Loseblattsammlung, Werkstand: Juni 2024, Verlag Dr. Otto Schmidt, Köln 2024, Rn. 100–356 (Gliederungspunkt B.).

Kirchhof, Gregor (2020 b): Der Belastungsgrund von Steuern – zum verfassungsrechtlichen Auftrag, die Grundsteuer zu reformieren, in: *Deutsches Steuerrecht* 2020, S. 1073–1082.

Kirchhof, Gregor (2022): Intertemporale Freiheitssicherung: Klimaschutz – Sozialsysteme – Staatsverschuldung, Über einen notwendigen Grundrechtsschutz in der Zeit und seine Grenzen, Mohr Siebeck, Tübingen 2022.

Kirchhof, Gregor (2023 a): Der verfassungsrechtliche Auftrag zur Digitalisierung des Steuerrechts – Zum grundgesetzlichen Anliegen, das Steuerrecht grundlegend zu vereinfachen, um es dann umfassend automatisch anzuwenden, in: *Deutsches Steuerrecht* 2023, S. 355–362.

Kirchhof, Gregor (2023 b): Das GrStG des Bundes: kompetenzrechtlicher Konstruktionsfehler – verfassungsrechtlicher Reformauftrag, in: *Der Betrieb* 2023, S. 1116–1121.

Kirchhof, Paul (1981): Besteuerung und Eigentum, in: Veröffentlichungen der Vereinigung der Deutschen Staatsrechtslehrer, Berichte und Diskussionen auf der Tagung der Vereinigung der Deutschen Staatsrechtslehrer in Innsbruck vom 1. – 4. Oktober 1980, Heft 39, Walter de Gruyter, Berlin / New York 1981, S. 213–285.

Kirchhof, Paul (1985): Der verfassungsrechtliche Auftrag zur Besteuerung nach der finanziellen Leistungsfähigkeit, in: *Steuer und Wirtschaft* 1985, S. 319–329.

Kirchhof, Paul (1987): Die Kunst der Steuergesetzgebung, in: *Neue Juristische Wochenschrift* 1987, S. 3217–3226.

Kirchhof, Paul (2002): Der Karlsruher Entwurf und seine Fortentwicklung zu einer Vereinheitlichten Ertragsteuer, in: *Steuer und Wirtschaft* 2002, S. 3–22.

Kirchhof, Paul (2004 a): Vertrauensschutz im Steuerrecht – Eröffnung der 28. Jahrestagung und Rechtfertigung des Themas, in: Vertrauensschutz im Steuerrecht, Hrsg.: Pezzer, Heinz-Jürgen, 28. Jahrestagung der Deutschen Steuerjuristischen Gesellschaft e.V. in Graz, 15. und 16. September 2003, DStJG Band 27, Verlag Dr. Otto Schmidt, Köln 2004, S. 2–8.

Kirchhof, Paul (2004 b): Der sanfte Verlust der Freiheit: Für ein neues Steuerrecht – klar, verständlich, gerecht, Carl Hanser Verlag, München / Wien 2004.

Kirchhof, Paul (2006 a): Die Besteuerung des Einkommens in einem einfachen, maßvollen und gleichmäßigen Belastungssystem, in: *Betriebs-Berater* 2006, Ausgabe 2, S. 71–75.

Kirchhof, Paul (2006 b): Warum eine grundlegende Steuerreform verfassungsrechtlich geboten und politisch notwendig ist, in: *Finanz-Rundschau* 2012, S. 701–707.

Kirchhof, Paul (2010 a): Die Steuern (§ 118), in: Handbuch des Staatsrechts der Bundesrepublik Deutschland, Hrsg.: Isensee, Josef / Kirchhof, Paul, Band 5 – Grundrechte: Wirtschaft, Verfahren, Gleichheit, 3. Aufl., C. F. Müller, Heidelberg et al. 2010, S. 959–1099.

Kirchhof, Paul (2010 b): Allgemeiner Gleichheitssatz (§ 181), in: Handbuch des Staatsrechts der Bundesrepublik Deutschland, Hrsg.: Isensee, Josef / Kirchhof, Paul, Band 8 – Grundrechte: Wirtschaft, Verfahren, Gleichheit, 3. Aufl., C. F. Müller, Heidelberg et al. 2010, S. 697–838.

Kirchhof, Paul (2011): Bundessteuergesetzbuch – Ein Reformentwurf zur Erneuerung des Steuerrechts, C. F. Müller, Heidelberg 2011.

Kirchhof, Paul (2015): Kommentierung zu Art. 3 GG (75. Lieferung, Stand: September 2015), in: Grundgesetz, begründet von Maunz, Theodor / Dürig, Günter, herausgegeben von Herzog, Roman / Herdegen, Matthias / Scholz, Rupert / Klein, Hans H., Kommentar, Loseblattsammlung, Band 1 – Art. 1–5, Werkstand: 105. Lieferung, August 2024, Verlag C. H. Beck, München 2024.

Kirchhof, Paul (2017): Die Gleichheit vor dem Steuergesetz – Maßstab und Missverständnisse, in: *Steuer und Wirtschaft* 2017, S. 3–16.

Kirchhof, Paul (2018 a): Der Schutz des Steuerpflichtigen durch Freiheitsrechte und Gleichheitssatz – Zu Monika Jachmann-Michel, StuW 2017, 209, in: *Steuer und Wirtschaft* 2018, S. 1–5.

Kirchhof, Paul (2018 b): Die steuerrechtliche Bedeutung der Digitalisierung für Unternehmen und Unternehmensberater, in: *Deutsches Steuerrecht* 2018, S. 497–504.

Kirchhof, Paul (2021 a): Klaus Tipke: Steuergerechtigkeit, in: *Steuer und Wirtschaft* 2021, S. 190–198.

Kirchhof, Paul (2021 b): Steuervereinfachung – Schritt für Schritt, in: *Deutsches Steuerrecht* 2021, S. 2761–2768.

Kirchhof, Paul (2023): Die Verwaltungslasten der Besteuerung, in: *Deutsches Steuerrecht* 2023, S. 1801–1807.

Kirchmayr, Sabine / Mayr, Gunter / Hirschler, Klaus / Ehrke-Rabel, Tina / Kofler, Georg (2018): Digitalisierung im Konzernsteuerrecht, in: Schriftenreihe zum Konzern- und Unternehmenssteuerrecht, Hrsg.: Kirchmayr, Sabine / Mayr, Gunter / Hirschler, Klaus, Band 9, Linde Verlag, Wien 2018.

Klaas, Arne (2019): Demokratieprinzip im Spannungsfeld mit künstlicher Intelligenz – Demokratische Entscheidungsfindung durch und mithilfe von selbstlernenden Algorithmen, in: *Zeitschrift für IT-Recht und Recht der Digitalisierung* 2019, S. 84–90.

Klenk, Andreas / Labus, Alexander / Lindner, Gerrit / Orth, Tilmann (2023): Der kommerzialisierbare Teil des Namensrechts ist kein Wirtschaftsgut und nicht einlagefähig – Anmerkung zum BFH-Urteil v. 12.6.2019 – X R 20/17, in: *Deutsches Steuerrecht* 2023, S. 7–13.

Klenk, Andreas / Labus, Alexander / Lindner, Gerrit / Orth, Tilmann (2024): Besteuerung des kommerzialisierbaren Teils des Namensrechts – Erwiderung auf Atilgan DStR 2023, 2425, in: *Deutsches Steuerrecht* 2024, S. 278–281.

Kment, Martin / Borchert, Sophie (2025): Zeit für eine Verfassung 4.0? – Künstliche Intelligenz und das Grundgesetz, in: *Künstliche Intelligenz und Recht* 2025, S. 9–18.

Körösi, Karina / Maiterth, Ralf (2022): Fehlwahrnehmung der Progressivität der deutschen Einkommensteuer, in: *Steuer und Wirtschaft* 2022, S. 349–362.

Koenig, Ulrich (2024): Kommentierung zu § 3 AO, in: Abgabenordnung, Hrsg.: Koenig, Ulrich, Kommentar, 5. Aufl., Verlag C. H. Beck, München 2024.

Kopp, Nicolas (2025): Der Wirtschaftsgutbegriff im Lichte digitaler Tendenzen, in: *Finanz-Rundschau* 2025, S. 1–17.

Kraft, Cornelia / Kraft, Gerhard (2018): Grundlagen der Unternehmensbesteuerung – Die wichtigsten Steuerarten und ihr Zusammenwirken, 5. Aufl., Springer Gabler – Springer Fachmedien, Wiesbaden 2018.

Kraft, Gerhard / Kockrow, Madeleine (2022 a): „Diagonale" Leistungsfähigkeit – Verbindung der mit BEPS erreichten „policy coherence" und der Finanzierungsfunktion der Steuern für die nachhaltige Entwicklung zu einer „Superabschreibung" für nachhaltiges Wirtschaften, in: *Internationales Steuerrecht* 2022, S. 60–67.

Kraft, Gerhard / Kockrow, Madeleine (2022 b): Gefahr einer „demokratiefernen Rechtsetzung", Gemeinnützigkeit und Generationengerechtigkeit – Duplik zu Horstmann IStR 2022, 349 in diesem Heft, in: *Internationales Steuerrecht* 2022, S. 353–357.

Kramer, Ernst A. / Arnet, Ruth (2024): Juristische Methodenlehre, 7. Aufl., Verlag C. H. Beck / Manz Verlag / Stämpfli Verlag, München / Wien / Bern 2024.

Kristl, Stephan (2022): Der Datenfluss im Automobilkonzern – Konzerninterne Verrechnung von Datentransfer im Lichte des DEMPE-Ansatzes der OECD, in: Betriebswirtschaftliche Schriftenreihe, Band 92, LIT Verlag Dr. W. Hopf, Berlin 2022.

Krüger, Elmar (2017): Beweiswürdigung, Beweislast und Beweismaß im Rahmen von Amtsermittlung und Mitwirkungspflicht, in: *Deutsche Steuer-Zeitung* 2017, S. 761–768.

Krumm, Marcel (2024): Die AdV-Beschlüsse des II. BFH-Senats zur Grundsteuerwertfeststellung und die Reaktionen von Gesetzgeber und Finanzverwaltung, in: *Deutsches Steuerrecht* 2024, S. 1897–1903.

Kube, Hanno (2004): Finanzgewalt in der Kompetenzordnung, Jus Publicum – Beiträge zum Öffentlichen Recht, Band 110, Mohr Siebeck, Tübingen 2004.

Kube, Hanno (2006): Staatsaufgaben und Solidargemeinschaften, in: Steuern im Sozialstaat, Hrsg.: Mellinghoff, Rudolf, 30. Jahrestagung der Deutschen Steuerjuristischen Gesellschaft e.V. in Freiburg, 19. und 20. September 2005, DStJG Band 29, Verlag Dr. Otto Schmidt, Köln 2006, S. 11–38.

Kube, Hanno (2013): Kommentierung zu Art. 110 GG (70. Lieferung, Stand: Dezember 2013), in: Grundgesetz, begründet von Maunz, Theodor / Dürig, Günter, herausgegeben von Herzog, Roman / Herdegen, Matthias / Scholz, Rupert / Klein, Hans H., Kommentar, Loseblattsammlung, Band 7 – Art. 107–146, Werkstand: 105. Lieferung, August 2024, Verlag C. H. Beck, München 2024.

Kube, Hanno (2022): Steuergerechtigkeit im Vielsteuersystem, in: *Steuer und Wirtschaft* 2022, S. 317–324.

Kube, Hanno (2023): Vertrauensgrundlagen im Steuerrecht – Der Fall rückwirkender Nichtanwendungsgesetze, in: *Steuer und Wirtschaft* 2023, S. 18–29.

Kulosa, Egmont (2018): Entwicklungslinien und Zukunftsfragen des Steuerrechtsschutzes, in: 100 Jahre Steuerrechtsprechung in Deutschland 1918–2018 – Festschrift für den Bundesfinanzhof, Hrsg.: Drüen, Klaus-Dieter / Hey, Johanna / Mellinghoff, Rudolf, Band 2, Verlag Dr. Otto Schmidt, Köln 2018, S. 1831–1865.

Kunze, Rolf-Ulrich (2001): Reconsidered: „Der Mensch ist nicht für den Staat, sondern der Staat für den Menschen da." – Der Parlamentarische Rat und die Entstehung des Grundgesetzes, in: *Der Staat* 2001, S. 383–404.

Kußmaul, Heinz (2014): Betriebswirtschaftliche Steuerlehre, 7. Aufl., Oldenbourg Wissenschaftsverlag, München 2014.

L

Lammel, Siegbert (2015): Rechtliche Anforderungen an die Überarbeitung des VDI-Beiblatts „Rohrwärme" – Zugleich zu den „anerkannten Regeln der Technik" und zu den Grundsätzen einer „guten" Normbildung, in: *Neue Zeitschrift für Miet- und Wohnungsrecht* 2015, S. 325–329.

Lammers, Lutz (2018): Entscheidung des Bundesverfassungsgerichts zur Verfassungswidrigkeit der Grundsteuer, in: *Deutsche Steuer-Zeitung* 2018, S. 866–873.

Lanfermann, Georg / Hommelhoff, Peter / Gundel, Astrid (2021): Wandel des Rechnungslegerbegriffs im Kontext der aktuellen Diskussion zur Nachhaltigkeitsberichterstattung, in: *Betriebs-Berater* 2021, S. 1195–1199.

Lang, Joachim (1993): Entwurf eines Steuergesetzbuchs im Auftrag der Bundesrepublik Deutschland vertreten durch den Bundesminister der Finanzen, Schriftenreihe des Bundesministeriums der Finanzen, Heft 49, Stollfuß Verlag, Bonn 1993.

Lang, Joachim (2011): Unternehmensbesteuerung im internationalen Wettbewerb, in: *Steuer und Wirtschaft* 2011, S. 144–158.

Lang, Joachim (2013): Das Anliegen der Kölner Schule: Prinzipientreue des Steuerrechts, in: *Steuer und Wirtschaft* 2013 S. 53–60.

Lang, Joachim (2016): Steuergerechtigkeit, in: *Steuer und Wirtschaft* 2016, S. 101–117.

Lang, Michael / Risse, Robert (Hrsg.) (2024): Tax Compliance und Risikomanagement im digitalen Zeitalter – Navigation durch die Betriebsprüfung 4.0 und steuerliche Kontrollsysteme, Linde Verlag, Wien 2024.

Leisner, Anna (2002): Kontinuität als Verfassungsprinzip – Unter besonderer Berücksichtigung des Steuerrechts, Jus Publicum – Beiträge zum Öffentlichen Recht, Band 83, Mohr Siebeck, Tübingen 2002.

Leisner-Egensperger, Anna (2004): Kontinuitätsgewähr in der Finanzrechtsprechung, in: Vertrauensschutz im Steuerrecht, Hrsg.: Pezzer, Heinz-Jürgen, 28. Jahrestagung der Deutschen Steuerjuristischen Gesellschaft e.V. in Graz, 15. und 16. September 2003, DStJG Band 27, Verlag Dr. Otto Schmidt, Köln 2004, S. 191–209.

Leonov, Daniel (2021): Ein Jahr österreichische Digitalsteuer: Rückblick, Einblick, Ausblick, in: *beck.digitax* 2021, S. 47–51.

Leßner, Anne (2024): Konzernspezifische Änderungen aus der NIS2-Richtlinie und ihrer Umsetzung – Besonderheiten für Konzerne in den NIS-Richtlinien und dem BSIG, in: *Zeitschrift für IT-Recht und Recht der Digitalisierung* 2024, S. 226–231.

Leßner, Anne / Mayr, Lucas (2024): Besonderheiten für Konzerne in den NIS-Richtlinien und dem BSIG – Welche konzernspezifischen Änderungen ergeben sich aus der neuen NIS2-Richtlinie und ihrer Umsetzung?, in: *Zeitschrift für IT-Recht und Recht der Digitalisierung* 2024, S. 148–153.

Leue, Stefan / Wilhelmi, Rüdiger (2024): Modellierung des Rechts, in: Digitalisierung des Rechts, Hrsg.: Wörner, Liane / Wilhelmi, Rüdiger / Glöckner, Jochen / Breuer, Marten, Walter de Gruyter, Berlin / Boston 2024, S. 67–89.

Lewinski, Kai von / Burbat, Daniela (2013 a): Kommentierung zu § 7 HGrG, in: Haushaltsgrundsätzegesetz, Nomos-Kommentar, Nomos Verlagsgesellschaft, Baden-Baden 2013.

Lewinski, Kai von / Burbat, Daniela (2013 b): Kommentierung zu § 8 BHO, in: Bundeshaushaltsordnung, Nomos-Kommentar, Nomos Verlagsgesellschaft, Baden-Baden 2013.

Limpinsel, Jérome / Hahn, Tom (2023): Die DAC7 und ihre Auswirkungen auf Betreiber und Nutzer digitaler Plattformen, in: *NWB Internationales Steuer- und Wirtschaftsrecht* 2023, S. 47–49.

Lingnau, Sandra / Ruppert, Stefan (2023): Die aktive Nutzungspflicht des besonderen elektronischen Steuerberaterpostfachs (beSt), in: *Deutsches Steuerrecht* 2023, S. 1436–1439.

List, Heinrich (1999): Gedanken zur Öko-Stromsteuer, in: *Der Betrieb* 1999, S. 1623–1626.

Luketina, Marina / Trattner, Katharina (2024): Metaverse Taxes: Ein eigenständiges Meta-Steuersystem könnte zur Realität werden?!, in: *Rethinking Tax*, Ausgabe 4, 2024, S. 65–71.

Luther, Matthias / Zawodsky, Florian S. (2022): Die Umsatzbesteuerung virtueller Transaktionen, in: *Rethinking Tax*, Ausgabe 3, 2022, S. 49–55.

Luther, Matthias / Zawodsky, Florian S. / Höft, Inga (2022): Nationale Umsetzung und Einordnungen der DAC7 in Deutschland und Österreich, in: *beck.digitax* 2022, S. 310–318.

M

Marquardsen, Maria (2022): Abgabengerechtigkeit – Gedanken zum Verhältnis steuerlicher und nichtsteuerlicher Abgaben, in: *Steuer und Wirtschaft* 2022, S. 293–299.

Martini, Mario / Ruschemeier, Hannah (2023): KI und öffentliches Recht (60. Lieferung, Stand: Oktober 2023), in: Handbuch Multimedia-Recht – Rechtsfragen des elektronischen Geschäftsverkehrs, Hrsg.: Hoeren, Thomas / Sieber, Ulrich / Holznagel, Bernd, Werkstand: 62. Lieferung, Juni 2024, Verlag C. H. Beck, München 2024.

Martini, Mario / Wendehorst, Christiane (Hrsg.) (2024): KI-VO – Verordnung über künstliche Intelligenz, Kommentar, Verlag C. H. Beck, München 2024.

Marx, Franz Jürgen (2016): Der Einsatz von Risikomanagementsystemen nach § 88 Abs. 5 AO als Kernelement der Modernisierung des Besteuerungsverfahrens, in: *Die Unternehmensbesteuerung* 2016, S. 358–363.

Mehnert, Dieter / Kalina-Kerschbaum, Claudia (2022): Die Steuerberaterplattform und das besondere elektronische Steuerberaterpostfach (beSt), in: *Deutsches Steuerrecht* 2022, S. 2573–2576.

Meister, Laurent / Kühn, Philipp M. (2024): IT and more: EU verschärft Vorgaben zur Cybersecurity – Warum deutsche Unternehmen reagieren müssen, in: *Die Wirtschaftsprüfung* 2024, S. 559–561.

Mellinghoff, Rudolf (2012): Grußwort zum 50. Deutschen Steuerberaterkongress 2012, in: *Deutsches Steuerrecht* 2012, Beihefter zu Heft 22, S. 79–81.

Mellinghoff, Rudolf (2018): Auswirkungen der Digitalisierung im Steuerrecht, in: 100 Jahre Steuerrechtsprechung in Deutschland 1918–2018 – Festschrift für den Bundesfinanzhof, Hrsg.: Drüen, Klaus-Dieter / Hey, Johanna / Mellinghoff, Rudolf, Band 1, Verlag Dr. Otto Schmidt, Köln 2018, S. 421–447.

Mellinghoff, Rudolf (2019): Datenaustausch und Datenschutz im internationalen Steuerrecht, in: Festschrift für Jürgen Lüdicke, Hrsg.: Gosch, Dietmar / Schnitger, Arne / Schön, Wolfgang, Verlag C. H. Beck, München 2019, S. 467–484.

Mellinghoff, Rudolf (2023): Datensammlungen, Informationsaustausch und Publizität im Steuerrecht, in: *Steuer und Wirtschaft* 2023, S. 5–17.

Mellinghoff, Rudolf (2024): Schritte zu einer bürgerfreundlichen Einkommensteuer, in: *Der Betrieb* 2024, Heft 40–41, S. M4-M5.

Mendling, Jan / Risse, Robert / Rust, Alexander (Hrsg.) (2023): Digitalization and Tax Law 2023, Linde Verlag, Wien 2023.

Meßerschmidt, Klaus / Ojak, Sven (2023): Juristische Auslegungsmethoden im Steuerrecht, in: *Deutsches Steuerrecht* 2023, S. 289–295.

Metzger, Axel / Schweitzer, Heike / Wagner, Gerhard (2023): Datenschutz und Datenmarkt: Grundzüge einer Marktordnung für die europäische Datenwirtschaft, in: *Zeitschrift für die gesamte Privatrechtswissenschaft* 2023, S. 227–266.

Meyer, Lennart (2023): Plattformökonomie und Lieferketten: Ist das LkSG fit für Online-Marktplätze wie Amazon, eBay, Etsy & Co.?, in: *Zeitschrift für Vertriebsrecht* 2023, S. 350–355.

Meyer, Lennart / Moss, Peter (2024 a): Die Eckpfeiler der europäischen Plattformregulierung (Teil 1): Charakteristika von Online-Plattformen und ein Überblick über den DMA, in: *Juristische Ausbildung* 2024, S. 375–386.

Meyer, Lennart / Moss, Peter (2024 b): Die Eckpfeiler der europäischen Plattformregulierung (Teil 2): Ein Überblick über den DAS und die P2B-VO, in: *Juristische Ausbildung* 2024, S. 720–734.

Mittelstadt, Brent (2019): Principles alone cannot guarantee ethical AI, in: *Nature Machine Intelligence* 2019, S. 501–507.

Mödinger, Jörg (2012): Internationale Erfolgs- und Vermögensabgrenzung zwischen Stammhaus und Betriebsstätte nach der Neufassung des Art. 7 OECD-MA, in: Reihe: Steuer, Wirtschaft und Recht, Hrsg.: Bischoff, Johannes Georg / Kellermann, Alfred / Sieben, Günter / Herzig, Norbert, Band 319, Josef Eul Verlag, Lohmar – Köln 2012.

Möllers, Thomas M. J. (2023): Juristische Methodenlehre, 5. Aufl., Verlag C. H. Beck, München 2023.

Möslein, Florian / Gröber, Clara / Heß, Colin / Rebmann, Charlotte (2021): Das Recht der Digitalisierung in der rechtswissenschaftlichen Ausbildung, in: *Juristische Ausbildung* 2021, S. 651–668.

Möslein, Florian / Ostrovski, Daniel (2024): Token als digitale Produkte – Zur Erfassung von Token durch §§ 327 ff. BGB, in: *JuristenZeitung* 2024, S. 593–603.

Müller, Robert (2023 a): Internationale Entwicklungen im Crypto Reporting – Ausbau der Reportingpflichten für Intermediäre durch das OECD Crypto-Asset Reporting Framework und die DAC8, in: *beck.digitax* 2023, S. 34–42.

Müller, Robert (2023 b): Crypto-Reporting im Fokus der Finanzverwaltungen, in: *Rethinking Tax*, Ausgabe 4, 2023, S. 58–59.

Müller-Franken, Sebastian (2004): Maßvolles Verwalten – Effiziente Verwaltung im System exekutiver Handlungsmaßstäbe am Beispiel des maßvollen Gesetzesvollzugs im Steuerrecht, Jus Publicum – Beiträge zum Öffentlichen Recht, Band 105, Mohr Siebeck, Tübingen 2004.

Müller-Franken, Sebastian (2018): Grundfragen des Besteuerungsverfahrens – Anforderungen des Rechts an die Digitalisierung der Gewinnung und Verarbeitung von Informationen im Steuerrecht, in: *Steuer und Wirtschaft* 2018, S. 113–122.

Münzenhofer, Christina / Reinwald, Ronja (2024): Der Wegzug von Influencern in Steueroasen: Einkommensteuerliche Folgen am Beispiel Dubai, in: *beck.digitax* 2024, S. 89–94.

Musil, Andreas (2007): Steuerbegriff und Non-Affektationsprinzip, in: *Deutsches Verwaltungsblatt* 2007, S. 1526–1532.

Musil, Andreas (2014): Die Sicht der Steuerrechtswissenschaft auf das Verfassungsrecht, in: Zukunftsfragen des Steuerrechts II, Hrsg.: Schön, Wolfgang / Röder, Erik, MPI Studies in Tax Law and Public Finance, Band 4, Springer Verlag, Berlin / Heidelberg 2014, S. 129–148.

N

Nadeborn, Diana / Ettwig, Volker (2024): Cyberversicherungen als Compliance-Faktor, in: *Corporate Compliance* 2024, S. 129–131.

Neugebauer, Claudia (2021): Digitalisierung und ihre Auswirkungen auf das lokale Gewerbesteueraufkommen, in: *Betriebswirtschaftliche Forschung und Praxis* 2021, S. 625–642.

Niemann, Rainer / Schreiber, Ulrich (2020): Herausforderungen und Entwicklungsperspektiven des Steuersystems, in: *Schmalenbachs Zeitschrift für betriebswirtschaftliche Forschung* 2020, S. 1–48.

Nürnberg, Philip (2023): Das neue Plattformen-Steuertransparenzgesetz, in: *NWB Steuer- und Wirtschaftsrecht* 2023, S. 1897–1905.

O

Oldiges, Matthias / Reiners, Christian (2023 a): Meldepflichten nach dem PStTG – Handlungsempfehlungen für digitale Plattformen unter Berücksichtigung des BMF-Schreibens v. 2.2.2023 (1. Teil), in: *Deutsches Steuerrecht* 2023, S. 1291–1297.

Oldiges, Matthias / Reiners, Christian (2023 b): Meldepflichten nach dem PStTG – Wesen und Reichweite der Auskunft nach § 10 Abs. 1 PStTG (2. Teil), in: *Deutsches Steuerrecht* 2023, S. 1337–1341.

Oldiges, Matthias / Reiners, Christian (2023 c): Meldepflichten nach dem PStTG – Anwendungsfragen zum Vergütungsbegriff des § 5 Abs. 2 PStTG und zum Meldeverfahren, in: *Deutsches Steuerrecht* 2023, S. 2592–2599.

Oldiges, Matthias / Reiners, Christian (2025): Meldepflichten nach dem PStTG – Praxishinweise zur Meldung für das Kalenderjahr 2024, in: *Deutsches Steuerrecht* 2025, S. 83–88.

Ortwald, Dominik / Wiesch, Thomas (2024): Digitalisierung und Umsatzsteuer, in: Steuerrechtsschutz im Wandel der Zeit – Festschrift 75 Jahre Finanzgericht Münster, Hrsg.: Wolsztynski, Christian / Coenen, Martin / Krumm, Marcel, Verlag C. H. Beck, München 2024, S. 479–497.

Oster, Jan (2021): „Information" und „Daten" als Ordnungsbegriffe des Rechts der Digitalisierung, in: *JuristenZeitung* 2021, S. 167–175.

Osterloh, Lerke (2001): Lenkungsnormen im Einkommensteuerrecht, in: Besteuerung von Einkommen, Hrsg.: Ebling, Iris, DStJG Band 24, Verlag Dr. Otto Schmidt, Köln 2001, S. 383–404.

Osterloh-Konrad, Christine (2022): Steuergerechtigkeit und Umverteilung, in: *Steuer und Wirtschaft* 2022, S. 311–316.

P

Palm, Ulrich (2013): Person im Ertragsteuerrecht, Jus Publicum – Beiträge zum Öffentlichen Recht, Band 224, Mohr Siebeck, Tübingen 2013.

Palm, Ulrich (2023): Erklärungspflichten im neuen Grundsteuerrecht, in: *Deutsches Verwaltungsblatt* 2023, S. 191–195.

Palm, Ulrich (2024): Verfassungsrechtliche Rahmenbedingungen der Steuersubjektivität, in: Transparente Besteuerung und Steuersubjektivität, Hrsg.: Desens, Marc, 47. Jahrestagung der Deutschen Steuerjuristischen Gesellschaft e.V. in Leipzig, 11. und 12. September 2023, DStJG Band 46, Verlag Dr. Otto Schmidt, Köln 2024, S. 49–83.

Papier, Hans-Jürgen (2017): Rechtsstaatlichkeit und Grundrechtsschutz in der digitalen Gesellschaft, in: *Neue Juristische Wochenschrift* 2017, S. 3025–3031.

Papier, Hans-Jürgen / Shirvani, Foroud (2018): Kommentierung zu Art. 14 GG (83. Lieferung, Stand: April 2018), in: Grundgesetz, begründet von Maunz, Theodor / Dürig, Günter, herausgegeben von Herzog, Roman / Herdegen, Matthias / Scholz, Rupert / Klein, Hans H., Kommentar, Loseblattsammlung, Band 2 – Art. 6–16a, Werkstand: 105. Lieferung, August 2024, Verlag C. H. Beck, München 2024.

Peuthert, Benjamin (2023): Zukunft des Steuervollzugs aus Sicht der Steuerverwaltung, in: Steuermoral und Steuervollzug, Tagungsband zur ifst-Jahrestagung am 31. Mai 2022, ifst-Schrift 548, Berlin 2023, S. 41–71.

Peuthert, Benjamin (2024): Auf dem Weg zum digitaleren Steuervollzug mit eindeutigen Identifikationsmerkmalen, gesonderten Feststellungen und arbeitsprozessual organisierter Finanzverwaltung, in: *beck.digitax* 2024, S. 2–10.

Pinkernell, Reimar / zum Bruch, Julian (2023): Überblick zum Plattformen-Steuertransparenzgesetz, in: *Der Betrieb* 2023, S. 1879–1882.

Pracht, Robert (2024): Die Verhältnismäßigkeit steuerlicher Verfahrenslasten, in: *Steuer und Wirtschaft* 2024, S. 325–334.

Prinz, Ulrich (2024): Steuerbilanz und Personengesellschaften – Kluge Vorschläge der Expertenkommission „Vereinfachte Unternehmensteuer“, in: *Der Betrieb* 2024, Heft 40–41, S. M6–M7.

R

Rätke, Bernd (2024 a): Kommentierung zu § 85 AO, in: Abgabenordnung – einschließlich Steuerstrafrecht, begründet von Klein, Franz / Orlopp, Gerd, Kommentar, 18. Aufl., Verlag C. H. Beck, München 2024.

Rätke, Bernd (2024 b): Kommentierung zu § 88 AO, in: Abgabenordnung – einschließlich Steuerstrafrecht, begründet von Klein, Franz / Orlopp, Gerd, Kommentar, 18. Aufl., Verlag C. H. Beck, München 2024.

Rätke, Bernd (2024 c): Kommentierung zu § 93 AO, in: Abgabenordnung – einschließlich Steuerstrafrecht, begründet von Klein, Franz / Orlopp, Gerd, Kommentar, 18. Aufl., Verlag C. H. Beck, München 2024.

Rätke, Bernd (2024 d): Kommentierung zu § 94 AO, in: Abgabenordnung – einschließlich Steuerstrafrecht, begründet von Klein, Franz / Orlopp, Gerd, Kommentar, 18. Aufl., Verlag C. H. Beck, München 2024.

Rätke, Bernd (2024 e): Kommentierung zu § 95 AO, in: Abgabenordnung – einschließlich Steuerstrafrecht, begründet von Klein, Franz / Orlopp, Gerd, Kommentar, 18. Aufl., Verlag C. H. Beck, München 2024.

Rätke, Bernd (2024 f): Kommentierung zu § 96 AO, in: Abgabenordnung – einschließlich Steuerstrafrecht, begründet von Klein, Franz / Orlopp, Gerd, Kommentar, 18. Aufl., Verlag C. H. Beck, München 2024.

Rätke, Bernd (2024 g): Kommentierung zu § 97 AO, in: Abgabenordnung – einschließlich Steuerstrafrecht, begründet von Klein, Franz / Orlopp, Gerd, Kommentar, 18. Aufl., Verlag C. H. Beck, München 2024.

Rätke, Bernd (2024 h): Kommentierung zu § 98 AO, in: Abgabenordnung – einschließlich Steuerstrafrecht, begründet von Klein, Franz / Orlopp, Gerd, Kommentar, 18. Aufl., Verlag C. H. Beck, München 2024.

Rätke, Bernd (2024 i): Kommentierung zu § 99 AO, in: Abgabenordnung – einschließlich Steuerstrafrecht, begründet von Klein, Franz / Orlopp, Gerd, Kommentar, 18. Aufl., Verlag C. H. Beck, München 2024.

Rätke, Bernd (2024 j): Kommentierung zu § 100 AO, in: Abgabenordnung – einschließlich Steuerstrafrecht, begründet von Klein, Franz / Orlopp, Gerd, Kommentar, 18. Aufl., Verlag C. H. Beck, München 2024.

Regendantz, Robert (2023): Transformative Kraft der Generativen Künstlichen Intelligenz: Herausforderungen und Chancen für den Steuerbereich, in: *beck.digitax* 2023, S. 182–192.

Reimer, Ekkehart (2019): Der Einfluss der Digitalisierung auf die Rechtsetzung, in: Digitalisierung im Steuerrecht, Hrsg.: Hey, Johanna, 43. Jahrestagung der Deutschen Steuerjuristischen Gesellschaft e.V. in Köln, 17. und 18. September 2018, DStJG Band 42, Verlag Dr. Otto Schmidt, Köln 2019, S. 97–128.

Remmert, Barbara (2023): Kommentierung zu Art. 12 Abs. 1 GG (102. Lieferung, Stand: August 2023), in: Grundgesetz, begründet von Maunz, Theodor / Dürig, Günter, herausgegeben von Herzog, Roman / Herdegen, Matthias / Scholz, Rupert / Klein, Hans H., Kommentar, Loseblattsammlung, Band 2 – Art. 6–16a, Werkstand: 105. Lieferung, August 2024, Verlag C. H. Beck, München 2024.

Richter, Andreas / Welling, Berthold (2013): Tagungs- und Diskussionsbericht zum 46. Berliner Steuergespräch „Elektronisches Steuerverfahren", in: *Finanz-Rundschau* 2013, S. 406–412.

Rostalski, Frauke (2024): Strafrechtliche Compliance im digitalen Zeitalter, in: Recht der Digitalisierung, Hrsg.: Martini, Mario / Möslein, Florian / Rostalski, Frauke, Nomos Verlagsgesellschaft, Baden-Baden 2024, S. 313–318.

Ruß, Julia / Ismer, Roland / Margolf, Juliane (2019): Digitalisierung des Steuerrechts: Eine Herausforderung für die Ausgestaltung von materiellen Steuergesetzen, in: *Deutsches Steuerrecht* 2019, S. 409–418.

S

Salzborn, Nadja (2021): Regulierung künstlicher Intelligenz – klima- und umweltschutzrelevant!, in: *Zeitschrift für Umweltrecht* 2021, S. 513–514.

Schäffer, Fritz (1953): Ein Rechenschaftsbericht über die deutsche Finanzpolitik 1949 bis 1953 – Die Rede von Bundesfinanzminister Schäffer zur Vorlage des Bundeshaushaltsplanes 1953/54 und der Reform der Einkommensteuer vor dem Deutschen Bundestag am 28. Januar 1953, Bonn 1953.

Schefzig, Jens (2015): Wem gehört das neue Öl? – Die Sicherung der Rechte an Daten, in: *Kommunikation und Recht* 2015, S. 3–7.

Schlaich, Klaus (1981): Die Verfassungsgerichtsbarkeit im Gefüge der Staatsfunktionen, in: Veröffentlichungen der Vereinigung der Deutschen Staatsrechtslehrer, Berichte und Diskussionen auf der Tagung der Vereinigung der Deutschen Staatsrechtslehrer in Innsbruck vom 1. – 4. Oktober 1980, Heft 39, Walter de Gruyter, Berlin / New York 1981, S. 99–146.

Schleicher, Klaus (2008): Die Kontrolle des Steuervollzugs durch die Rechnungshöfe, in: Steuervollzug im Rechtsstaat, Hrsg.: Widmann, Werner, 32. Jahrestagung der Deutschen Steuerjuristischen Gesellschaft e.V. in Stuttgart, 10. und 11. September 2007, DStJG Band 31, Verlag Dr. Otto Schmidt, Köln 2008, S. 59–82.

Schmidt, Christoph (2024 a): Das digitale Besteuerungsverfahren – Chancen, Herausforderungen und Grenzen des risikoorientierten Ansatzes, Fachmedien Otto Schmidt, Düsseldorf 2024.

Schmidt, Christoph (2024 b): Quo vadis, „Bürgernahe Einkommensteuer"? – Der Abschlussbericht der vom BMF eingesetzten Expertenkommission auf dem Prüfstand (Teil I), in: *Der Betrieb* 2024, S. 2451–2459.

Schmidt, Christoph (2024 c): Quo vadis, „Bürgernahe Einkommensteuer"? – Der Abschlussbericht der vom BMF eingesetzten Expertenkommission auf dem Prüfstand (Teil II), in: *Der Betrieb* 2024, S. 2528–2533.

Schmidt, Christoph (2024 d): Quo vadis, „Bürgernahe Einkommensteuer"? – Der Abschlussbericht der vom BMF eingesetzten Expertenkommission auf dem Prüfstand (Teil III), in: *Der Betrieb* 2024, S. 2594–2598.

Schmidt, Christoph (2024 e): Mitwirkungspflichten Dritter am elektronischen, automatisierten Besteuerungsverfahren als erhebliche Vollzugslast – Kann und sollte eine Wahrung der Verhältnismäßigkeit durch ein kompensierendes Entgelt erfolgen?, in: *Deutsches Steuerrecht* 2024, S. 137–143.

Schmidt, Eckehard (2008): Moderne Steuerungssysteme im Steuervollzug, Hrsg.: Widmann, Werner, 32. Jahrestagung der Deutschen Steuerjuristischen Gesellschaft e.V. in Stuttgart, 10. und 11. September 2007, DStJG Band 31, Verlag Dr. Otto Schmidt, Köln 2008, S. 37–57.

Schmitt, Joachim (2018): Der Grundsatz der Besteuerung nach der Leistungsfähigkeit bei der Umwandlung einer Kapital- in eine Personengesellschaft, in: *Steuer und Wirtschaft* 2018, S. 147–156.

Schmittmann, Jens M. / Sinnig, Julia (2024): Update: Besteuerung der digitalen Wirtschaft 2022/2023 (Entwicklungen im Steuerrecht in der Informationstechnologie) – Teil 1, in: *Kommunikation und Recht* 2024, S. 249–253.

Schmitz-Herscheidt, Fabian (2024): Die Videoverhandlung: Moderne, digitale und bürgernahe Justiz?, in: Steuerrechtsschutz im Wandel der Zeit – Festschrift 75 Jahre Finanzgericht Münster, Hrsg.: Wolsztynski, Christian / Coenen, Martin / Krumm, Marcel, Verlag C. H. Beck, München 2024, S. 235–251.

Schneider, Dieter (1975): Körperschaftsteuerreform und Gleichmäßigkeit der Besteuerung, in: *Steuer und Wirtschaft* 1975, S. 97–112.

Schön, Wolfgang (2005): Die zivilrechtlichen Voraussetzungen steuerlicher Leistungsfähigkeit, in: *Steuer und Wirtschaft* 2005, S. 247–255.

Schön, Wolfgang (2013): Leitideen des Steuerrechts oder: Nichtwissen als staatswissenschaftliches Problem, in: *Steuer und Wirtschaft* 2013, S. 289–297.

Schön, Wolfgang (2018): Grenzüberschreitungen der Steuerrechtswissenschaft, in: *Steuer und Wirtschaft* 2018, S. 201–215.

Schöttle, Hendrik (2024): Der Cyber Resilience Act: Zeitliche Aspekte, Meldepflichten, Akteure und Sanktionen – Definition und die Aufgabe von Open Source Software-Stewards, in: *Zeitschrift für IT-Recht und Recht der Digitalisierung* 2024, S. 834–838.

Schomaker, Jessica (2024): Steuerbarkeit von Stipendien und Preisen – Eine Untersuchung der Einkommensteuerbarkeit von Fördermitteln im Bereich der Wissenschaft, in: Veröffentlichungen zum Steuerrecht, Hrsg.: Englisch, Joachim / Jochum, Heike / Meyer, André, Band 20, Mohr Siebeck, Tübingen 2024.

Schreiber, Ulrich / Kahle, Holger / Ruf, Martin (2021): Besteuerung der Unternehmen – Eine Einführung in Steuerrecht und Steuerwirkung, 5. Aufl., Springer Gabler – Springer Fachmedien, Wiesbaden 2021.

Schuska, Frederek (2023 a): Internationale Entwicklungen zum automatischen Informationsaustausch bei Transaktionen von Kryptowerten – CARF und DAC8 (Teil I), in: *Internationales Steuerrecht* 2023, S. 765–775.

Schuska, Frederek (2023 b): Internationale Entwicklungen zum automatischen Informationsaustausch bei Transaktionen von Kryptowerten – CARF und DAC8 (Teil II), in: *Internationales Steuerrecht* 2023, S. 821–828.

Schuska, Frederek (2024): Ausgewählte umsatzsteuerliche Fragen bei NFT-Transaktionen, in: *Mehrwertsteuerrecht* 2024, S. 293–301.

Schuster, Stefan (2020): Digitalsteuer in Österreich, in: *beck.digitax* 2020, S. 153–154.

Schwartmann, Rolf / Keber, Tobias O. / Zenner, Kai (Hrsg.) (2024): KI-Verordnung – Leitfaden für die Praxis, 2. Aufl., C. F. Müller, Heidelberg 2024.

Seer, Roman (2008): Der Vollzug von Steuergesetzen unter den Bedingungen einer Massenverwaltung, Hrsg.: Widmann, Werner, 32. Jahrestagung der Deutschen Steuerjuristischen Gesellschaft e.V. in Stuttgart, 10. und 11. September 2007, DStJG Band 31, Verlag Dr. Otto Schmidt, Köln 2008, S. 7–36.

Seer, Roman (2015): Modernisierung des Besteuerungsverfahrens – Gedanken zum Referentenentwurf zur Modernisierung des Besteuerungsverfahrens, in: *Steuer und Wirtschaft* 2015, S. 315–330.

Seer, Roman (2016): Reformentwurf der Bundesregierung zur Modernisierung des Besteuerungsverfahrens – Ein weiterer Schritt in die kontrollierte Selbstregulierung des Steuervollzugs –, in: *Deutsche Steuer-Zeitung* 2016, S. 605–612.

Seer, Roman (2017 a): Kommentierung zu § 85 AO (147. Lieferung, Stand: Januar 2017), in: Abgabenordnung – Finanzgerichtsordnung, begründet von Tipke, Klaus / Kruse, Heinrich Wilhelm, fortgeführt von Seer, Roman / Brandis, Peter / Drüen, Klaus-Dieter / Loose, Matthias / Krumm, Marcel, Kommentar, Loseblattsammlung, Band 1, Werkstand: Juni 2024, Verlag Dr. Otto Schmidt, Köln 2024.

Seer, Roman (2017 b): Kommentierung zu § 88 AO (147. Lieferung, Stand: Januar 2017), in: Abgabenordnung – Finanzgerichtsordnung, begründet von Tipke, Klaus / Kruse, Heinrich Wilhelm, fortgeführt von Seer, Roman / Brandis, Peter / Drüen, Klaus-Dieter / Loose, Matthias / Krumm, Marcel, Kommentar, Loseblattsammlung, Band 1, Werkstand: Juni 2024, Verlag Dr. Otto Schmidt, Köln 2024.

Seer, Roman (2019): Datenschutz und Datenaustausch, Hrsg.: Hey, Johanna, 43. Jahrestagung der Deutschen Steuerjuristischen Gesellschaft e.V. in Köln, 17. und 18. September 2018, DStJG Band 42, Verlag Dr. Otto Schmidt, Köln 2019, S. 247–286.

Seer, Roman (2024 a): Steuerrecht als Teil der Rechtsordnung, in: Steuerrecht, begründet von Tipke, Klaus, fortgeführt bis zur 20. Aufl. u. a. von Lang, Joachim, fortgeführt von Seer, Roman / Hey, Johanna / Montag, Heinrich / Englisch, Joachim / Hennrichs, Joachim, 25. Aufl., Verlag Dr. Otto Schmidt, Köln 2024, S. 1–39.

Seer, Roman (2024 b): Finanzverfassungsrechtliche Grundlagen der Steuerrechtsordnung, in: Steuerrecht, begründet von Tipke, Klaus, fortgeführt bis zur 20. Aufl. u. a. von Lang, Joachim, fortgeführt von Seer, Roman / Hey, Johanna / Montag, Heinrich / Englisch, Joachim / Hennrichs, Joachim, 25. Aufl., Verlag Dr. Otto Schmidt, Köln 2024, S. 41–74.

Seer, Roman (2024 c): Durchführung der Besteuerung, in: Steuerrecht, begründet von Tipke, Klaus, fortgeführt bis zur 20. Aufl. u. a. von Lang, Joachim, fortgeführt von Seer, Roman / Hey, Johanna / Montag, Heinrich / Englisch, Joachim / Hennrichs, Joachim, 25. Aufl., Verlag Dr. Otto Schmidt, Köln 2024, S. 1455–1636.

Seer, Roman / Hardeck, Inga (2016): Strukturelle Implementierung kooperativer Verfahrenselemente in das Unternehmensteuerrecht, in: *Steuer und Wirtschaft* 2016, S. 366–384.

Seiler, Christian (2013): Kommentierung zu Art. 105 GG (98. Lieferung, Stand: März 2022), in: Grundgesetz, begründet von Maunz, Theodor / Dürig, Günter, herausgegeben von Herzog, Roman / Herdegen, Matthias / Scholz, Rupert / Klein, Hans H., Kommentar, Loseblattsammlung, Band 6 – Art. 87a-106b, Werkstand: 105. Lieferung, August 2024, Verlag C. H. Beck, München 2024.

Seiler, Christian (2023): Besteuerung in der Zeit, in: *Deutsches Steuerrecht* 2023, S. 369–373.

Setnicka, Martin / Krippner, Kirstin / Rosar, Werner (Hrsg.) (2020): Digitalisierung im Steuer- und Rechnungswesen, Linde Verlag, Wien 2020.

Siegel, Theodor (2023): Ein ökonomisches Verständnis des Leistungsfähigkeitsprinzips ist keine Provokation von Juristen – Zur Beziehung zwischen Leistungsfähigkeits- und Sozialstaatsprinzip, in: *Deutsches Steuerrecht* 2023, S. 1617–1621.

Sixt, Michael (2023): Der kommerzialisierbare Teil des Namensrechts – Auswirkungen auf die Tätigkeit von Influencern – Konsequenzen aus dem BFH-Urteil vom 12.6.2019 – X R 20/17, in: *NWB Unternehmensteuern und Bilanzen* 2023, S. 80–84.

Söllner, Fritz (2018): Die Dieselkrise und die Besteuerung des Kraftfahrzeugverkehrs, in: *Wirtschaftsdienst* 2018, S. 411–417.

Sodan, Helge / Ziekow, Jan (2023): Grundkurs Öffentliches Recht – Staats- und Verwaltungsrecht, 10. Aufl., Verlag C. H. Beck, München 2023.

Spieker, Daniel / Backes, Andreas (2024): Aspekte steuerlicher Datenhaltung, in: *beck.digitax* 2024, S. 16–21.

Spilker, Bettina (2015): Behördliche Amtsermittlung, Jus Publicum – Beiträge zum Öffentlichen Recht, Band 245, Mohr Siebeck, Tübingen 2015.

Staffler, Lukas (2022): Business Criminal Law – A Primer for Management and Economics, Springer Gabler – Springer Fachmedien, Wiesbaden 2022.

Stapperfend, Thomas (2024): Der Einsatz von Videokonferenztechnik im finanzgerichtlichen Verfahren, in: Steuerrechtsschutz im Wandel der Zeit – Festschrift 75 Jahre Finanzgericht Münster, Hrsg.: Wolsztynski, Christian / Coenen, Martin / Krumm, Marcel, Verlag C. H. Beck, München 2024, S. 253–266.

Straßburger, Benjamin (2023): Kooperativer Steuervollzug – Konzept mit Zukunft?, in: *Deutsches Steuerrecht* 2023, S. 373–377.

Stumm, Nicole / Freude, Tilo (2023): Digitaler Erfüllungsgehilfe des Fiskus? – Die deutsche Umsetzung der als „DAC 7" bezeichneten Richtlinie (Plattformen-Steuertransparenzgesetz – PStTG) nimmt Betreiber digitaler Plattformen in die Pflicht, in: *Die Wirtschaftsprüfung* 2023, S. 700–707.

Sumper, Martin (2023): Besteuerung als Grundlage für Demokratie und Rechtsstaat, Band 189, Duncker & Humblot, Berlin 2023.

T

Thesling, Hans-Josef (2023): Zum Rechtsschutz in Steuersachen – Aktuelle Chancen und Herausforderungen, in: *Deutsches Steuerrecht* 2023, S. 857–861.

Thiele, Alexander (2018): Gleichheit angesichts von Vielfalt als Gegenstand des philosophischen und juristischen Diskurses, in: *Deutsches Verwaltungsblatt* 2018, S. 1112–1119.

Thiele, Alexander (2019): Der gefräßige Leviathan – Entstehung, Ausbreitung und Zukunft des modernen Staates, Mohr Siebeck, Tübingen 2019.

Thiemann, Christian (2019): Rechtssichere Anwendung des Steuerrechts – Verfassungsrechtliche Anforderungen und verfahrensrechtliche Optionen, in: *Steuer und Wirtschaft* 2019, S. 295–302.

Thiemann, Christian (2022): Verfassungs- und unionsrechtliche Zukunftsfragen des steuerlichen Leistungsfähigkeitsprinzips, in: Zukunftsfragen des Steuerrechts IV, Hrsg.: Schön, Wolfgang / Stark, Johanna, MPI Studies in Tax Law and Public Finance, Band 10, Springer Verlag, Berlin 2022, S. 87–120.

Thöne, Meik (2024): Der Prozess ist ein Prozess – Die Automatisierung der Rechtsfindung und das Wesen des Zivilprozesses, in: *Zeitschrift für Zivilprozess* 2024, S. 173–193.

Tipke, Klaus (1975): Das Steuerrecht in der Rechtsordnung, in: *JuristenZeitung* 1975, S. 558–561.

Tipke, Klaus (1988): Über „richtiges Steuerrecht", in: *Steuer und Wirtschaft* 1988, S. 262–282.

Tipke, Klaus (2000): Die Steuerrechtsordnung, Band I: Wissenschaftsorganisatorische, systematische und grundrechtlich-rechtsstaatliche Grundlagen, 2. Aufl., Verlag Dr. Otto Schmidt, Köln 2000.

Tipke, Klaus (2007): Steuergerechtigkeit – unter besonderer Berücksichtigung des Folgerichtigkeitsgebots, in: *Steuer und Wirtschaft* 2007, S. 201–220.

Tipke, Klaus (2009): Mehr oder weniger Entscheidungsspielraum für den Steuergesetzgeber?, in: *JuristenZeitung* 2009, S. 533–540.

Tipke, Klaus (2012): Die Steuerrechtsordnung, Band III: Steuerrechtswissenschaft, Steuergesetzgebung, Steuervollzug, Steuerrechtsschutz, Steuerreformbestrebungen, 2. Aufl., Verlag Dr. Otto Schmidt, Köln 2012.

Tipke, Klaus (2014): Mehr oder weniger Gestaltungsfreiheit für den Steuergesetzgeber? – Erörtert unter besonderer Berücksichtigung zweier Beiträge von Prof. Dr. Michael Droege und Prof. Dr. Andreas Musil über Zukunftsfragen der deutschen Steuergesetzgebung, in: *Steuer und Wirtschaft* 2014, S. 273–285.

Tormöhlen, Helmut (2024): Neuerungen im Recht der Außenprüfung durch das sog. DAC 7-Umsetzungsgesetz, in: *AO-Steuerberater* 2024, S. 241–246.

Trossen, Nils (2015): Die Auswirkungen der Modernisierung des steuerlichen Verfahrensrechts auf den gerichtlichen Rechtsschutz, in: *Finanz-Rundschau* 2015, S. 1021–1025.

U

Urnik, Sabine / Kirchmayr, Sabine / Steinhauser, Elisabeth (Hrsg.) (2020): Besteuerung und Wirtschaftsprüfung im Kontext der Digitalisierung, Linde Verlag, Wien 2020.

V

Valta, Matthias (2014): Das Internationale Steuerrecht zwischen Effizienz, Gerechtigkeit und Entwicklungshilfe, Heidelberger Rechtswissenschaftliche Abhandlungen, Band 12, Mohr Siebeck, Tübingen 2014.

Valta, Matthias (2016): Internationale Erfolgs- und Vermögensabgrenzung zwischen Stammhaus und Betriebsstätte nach der Neufassung des Art. 7 OECD-MA, in: Geprägte Freiheit in Forschung und Lehre – 50 Jahre Institut für Finanz- und Steuerrecht, Hrsg.: Kirchhof, Paul / Kube, Hanno / Mußgnug, Reinhard / Reimer, Ekkehart, Lehmanns Media, Berlin 2016.

Valta, Matthias (2023): Überlegungen zum Belastungsgrund einer Steuer, in: *Deutsches Steuerrecht* 2023, S. 378–381.

van Lishaut, Ingo (2024): „Vereinfachte Unternehmenssteuer"? – Analyse des Berichts der Expertenkommission vom 12.7.2024 an den BMF, in: *Finanz-Rundschau* 2024, S. 825–836.

Vogel, Klaus (1993): Steuerrechtswissenschaft als Steuergerechtigkeitswissenschaft, in: *JuristenZeitung* 1993, S. 1121–1125.

Vogel, Thorsten (2015): Die Einflussnahme steuerlicher Lenkungsnormen auf Entscheidungen von Wirtschaftssubjekten – Eine ökonomische Analyse am Beispiel der Zinsschranke, einer steuerlichen Förderung von Forschung und Entwicklung sowie einer Finanztransaktionssteuer, in: Reihe: Steuer, Wirtschaft und Recht, Hrsg.: Bischoff, Johannes Georg / Kellermann, Alfred / Sieben, Günter / Herzig, Norbert, Band 350, Josef Eul Verlag, Lohmar – Köln 2015.

Volmar, Maximilian (2019): Digitale Marktmacht, in: Wirtschaftsrecht und Wirtschaftspolitik, Hrsg.: Bien, Florian / Schwalbe, Ulrich / Schweitzer, Heike, Band 301, Nomos Verlagsgesellschaft, Baden-Baden 2019.

W

Waldhoff, Christian (2002): Die Zwecksteuer – Verfassungsrechtliche Grenzen der rechtlichen Bindung des Aufkommens von Abgaben, in: *Steuer und Wirtschaft* 2002, S. 285–313.

Waldhoff, Christian (2019): Herausforderungen des Verfassungsstaats durch die Digitalisierung am Beispiel des Steuerrechts, in: Digitalisierung im Steuerrecht, Hrsg.: Hey, Johanna, 43. Jahrestagung der Deutschen Steuerjuristischen Gesellschaft e.V. in Köln, 17. und 18. September 2018, DStJG Band 42, Verlag Dr. Otto Schmidt, Köln 2019, S. 59–85.

Waldhoff, Christian (2023): Steuerverfassungsrecht als Instrument eines prinzipiengeleiteten Steuerrechts – dargestellt anhand des Leistungsfähigkeitsprinzips, in: *Deutsches Steuerrecht* 2023, S. 381–386.

Waldhoff, Christian (2024): Bewältigung zukünftiger Krisen, in: *Neue Juristische Wochenschrift* 2014, S. 2729–2733.

Weber-Grellet, Heinrich (2018): Die Ethik des Steuerrechts, in: *Deutsches Steuerrecht* 2018, S. 1398–1402.

Weber-Grellet, Heinrich (2023): Die Urteilsfindung des BFH, in: *Deutsches Steuerrecht* 2023, S. 1858–1861.

Weihe, Lars (2024): Compliance 2024: Was Verantwortliche im Mittelstand wissen müssen, in: *Corporate Compliance* 2024, S. 85–91.

Wendt, Janine / Wendt, Domenik H. (2024): Das neue Recht der Künstlichen Intelligenz – Artificial Intelligence Act (AI Act), Nomos Verlagsgesellschaft, Baden-Baden 2024.

Wendt, Michael (2005): Prinzipien der Verlustberücksichtigung, in: Verluste im Steuerrecht, Hrsg.: Groll, Rüdiger von, 29. Jahrestagung der Deutschen Steuerjuristischen Gesellschaft e.V. in Mainz, 27. und 28. September 2004, DStJG Band 28, Verlag Dr. Otto Schmidt, Köln 2005, S. 41–80.

Wernsmann, Rainer (2022): Steuergerechtigkeit in der Rechtsprechung des Bundesverfassungsgerichts, in: *Steuer und Wirtschaft* 2022, S. 280–292.

Werry, Susanne / Éles, Kata (2024): Umsetzung der NIS2-Richtlinie: Harmonisierung oder Heterogenität? – Unterschiede im Umsetzungsstand und in der konkreten Ausgestaltung im nationalen Recht, in: *Zeitschrift für IT-Recht und Recht der Digitalisierung* 2024, S. 829–834.

Werth, Janis (2024): Zur Umverteilungsfunktion der Erbschaft- und Schenkungsteuer, in: *Deutsche Steuer-Zeitung* 2024, S. 781–791.

Westermann, Harry (1955): Wesen und Grenzen der richterlichen Streitentscheidung im Zivilrecht, in: Schriften der Gesellschaft zur Förderung der Westfälischen Wilhelms-Universität zu Münster, Band 32, Verlag Aschendorff, Münster 1955.

Westermann, Harry (1957): Person und Persönlichkeit als Wert im Zivilrecht, in: Arbeitsgemeinschaft für Forschung des Landes Nordrhein-Westfalen – Geisteswissenschaften, 31. Sitzung am 15. Juni 1955 in Düsseldorf, Heft 47, Springer Fachmedien, Wiesbaden 1957.

Winterhalter, Jan / Seiling, Lukas (2024): Automatisierte Systeme und Steuerverwaltung – Die Erklärbarkeit von Risikomanagementsystemen und ihr konkreter Anwendungsbereich, in: *beck.digitax* 2024, S. 292–313.

Wissenschaftlicher Arbeitskreis Steuerrecht des DWS-Instituts e.V. (2023): Sonderbetriebsvermögen – Bestandsaufnahme und Reformvorschläge, in: *Deutsches Steuerrecht* 2023, Beihefter zu Heft 44, S. 19–60.

Wörner, Liane / Wilhelmi, Rüdiger / Glöckner, Jochen / Breuer, Marten (2024): Digitalisierung des Rechts, in: Digitalisierung des Rechts, Hrsg.: Wörner, Liane / Wilhelmi, Rüdiger / Glöckner, Jochen / Breuer, Marten, Walter de Gruyter, Berlin / Boston 2024, S. 1–7.

Wolsztynski, Christian / Haferkamp, Johannes (2024): Moderner Steuerrechtsschutz – Was die Verfahrensbeteiligten und die Gesellschaft von einer bedarfs- und zeitgemäß agierenden Finanzgerichtsbarkeit erwarten dürfen, in: Steuerrechtsschutz im Wandel der Zeit – Festschrift 75 Jahre Finanzgericht Münster, Hrsg.: Wolsztynski, Christian / Coenen, Martin / Krumm, Marcel, Verlag C. H. Beck, München 2024, S. 3–51.

Wolsztynski, Christian / Peters, Franziska (2019): (Steuer-)Rechtsschutz im Wandel: Digitalisierung – Transparenz und Bürgernähe – Öffentlichkeitsarbeit, in: *Der Betrieb* 2019, Heft 27–28, S. M21–M23.

Politische Vereinbarungen, Programme, Initiativen sowie Abkommen, Berichte und sonstige Veröffentlichungen

BMJ (Hrsg.) (2008): Handbuch der Rechtsförmlichkeit, 3. Aufl., Bundesanzeiger Verlagsgesellschaft, Berlin / Köln 2008.

Bundesrechnungshof (Hrsg.) (2006): Probleme beim Vollzug der Steuergesetze, Empfehlungen des Präsidenten des Bundesrechnungshofes als Bundesbeauftragter für Wirtschaftlichkeit in der Verwaltung zur Verbesserung des Vollzuges der Steuergesetze in Deutschland, in: Schriftenreihe des Bundesbeauftragten für Wirtschaftlichkeit in der Verwaltung, Band 13, Verlag W. Kohlhammer, Stuttgart 2006.

Deutscher Ethikrat (2023): Mensch und Maschine – Herausforderungen durch Künstliche Intelligenz, Stellungnahme, Berlin 2023.

Europäische Kommission (2018): Vorschlag für eine Richtlinie des Rates zum gemeinsamen System einer Digitalsteuer auf Erträge aus der Erbringung bestimmter Dienstleistungen vom 21.03.2018, COM (2018) 148 final.

Expertenkommission „Bürgernahe Einkommensteuer" (2024): Weniger Bürokratie, mehr Digitalisierung – Wege zu einer bürgerfreundlichen Einkommensteuer, Abschlussbericht der Expertenkommission „Bürgernahe Einkommensteuer" eingesetzt vom Bundesministerium der Finanzen, Stand: Juli 2024, Berlin 2024.

Expertenkommission „Vereinfachte Unternehmensteuer" (2024): Besteuerung der Unternehmen – Einfacher und Effizienter, Abschlussbericht der Expertenkommission „Vereinfachte Unternehmensteuer" eingesetzt vom Bundesministerium der Finanzen, Stand: Juli 2024, Berlin 2024.

Nationale Gesetzesmaterialien

Abgabenordnung in der Fassung der Bekanntmachung vom 1. Oktober 2002 (BGBl. I 2002, S. 3866; BGBl. I 2003, S. 61), die zuletzt durch Artikel 19 des Gesetzes vom 2. Dezember 2024 (BGBl. I 2024 Nr. 387) geändert worden ist.

Bürgerliches Gesetzbuch in der Fassung der Bekanntmachung vom 2. Januar 2002 (BGBl. I 2002, S. 42, 2909; I 2003, S. 738), das zuletzt durch Artikel 14 des Gesetzes vom 23. Oktober 2024 (BGBl. I 2024 Nr. 323) geändert worden ist.

Bundeshaushaltsordnung vom 19. August 1969 (BGBl. I 1969, S. 1284), die zuletzt durch Artikel 2 des Gesetzes vom 21. August 2024 (BGBl. I 2024 Nr. 361) geändert worden ist.

Einkommensteuergesetz in der Fassung der Bekanntmachung vom 8. Oktober 2009 (BGBl. I 2009, S. 3366, 3862), das zuletzt durch Artikel 2 des Gesetzes vom 23. Dezember 2024 (BGBl. I 2024 Nr. 449) geändert worden ist.

Finanzgerichtsordnung in der Fassung der Bekanntmachung vom 28. März 2001 (BGBl. I 2001, S. 442, 2262; I 2002, S. 679), die zuletzt durch Artikel 6 des Gesetzes vom 24. Oktober 2024 (BGBl. I 2024 Nr. 328) geändert worden ist.

Gesetz über die Meldepflicht und den automatischen Austausch von Informationen meldender Plattformbetreiber in Steuersachen (Plattformen-Steuertransparenzgesetz – PStTG) vom 20. Dezember 2022, BGBl. I 2022, S. 2730.

Gesetz über das Aufspüren von Gewinnen aus schweren Straftaten (Geldwäschegesetz) vom 23. Juni 2017 (BGBl. I 2017 S. 1822), das zuletzt durch Artikel 8 des Gesetzes vom 27. Dezember 2024 (BGBl. I 2024 Nr. 438) geändert worden ist.

Gesetz über die unternehmerischen Sorgfaltspflichten zur Vermeidung von Menschenrechtsverletzungen in Lieferketten (Lieferkettensorgfaltspflichtengesetz – LkSG) vom 16. Juli 2021, BGBl. I 2021, S. 2959.

Gesetz zum automatischen Austausch von Informationen über Finanzkonten in Steuersachen (Finanzkonten-Informationsaustauschgesetz vom 21. Dezember 2015 (BGBl. I 2015 S. 2531), das zuletzt durch Artikel 37 des Gesetzes vom 2. Dezember 2024 (BGBl. I 2024 Nr. 387) geändert worden ist.

Gesetz zur Modernisierung des Besteuerungsverfahrens vom 18. Juli 2016, BGBl. I 2016, S. 1679.

Gesetz zur Regelung des Zugangs zu Informationen des Bundes (Informationsfreiheitsgesetz) vom 5. September 2005 (BGBl. I 2005, S. 2722), das zuletzt durch Artikel 44 der Verordnung vom 19. Juni 2020 (BGBl. I 2020, S. 1328) geändert worden ist.

Gesetz zur Umsetzung der Richtlinie (EU) 2021/514 des Rates vom 22. März 2021 zur Änderung der Richtlinie 2011/16/EU über die Zusammenarbeit der Verwaltungsbehörden im Bereich der Besteuerung und zur Modernisierung des Steuerverfahrensrechts, BGBl. I 2022, S. 2730.

Grundgesetz für die Bundesrepublik Deutschland in der im Bundesgesetzblatt Teil III, Gliederungsnummer 100-1, veröffentlichten bereinigten Fassung, das zuletzt durch Artikel 1 des Gesetzes vom 20. Dezember 2024 (BGBl. I 2024 Nr. 439) geändert worden ist.

Haushaltsgrundsätzegesetz vom 19. August 1969 (BGBl. I 1969, S. 1273), das zuletzt durch Artikel 1 des Gesetzes vom 21. August 2024 (BGBl. I 2024 Nr. 361) geändert worden ist.

Jahressteuergesetz 2022 vom 16. Dezember 2022 (BGBl. I 2022, S. 2294).

Umsatzsteuergesetz in der Fassung der Bekanntmachung vom 21. Februar 2005 (BGBl. I 2005, S. 386), das zuletzt durch Artikel 27 des Gesetzes vom 2. Dezember 2024 (BGBl. I 2024 Nr. 387) geändert worden ist.

Viertes Gesetz zur Entlastung der Bürgerinnen und Bürger, der Wirtschaft sowie der Verwaltung von Bürokratie (Viertes Bürokratieentlastungsgesetz) vom 23. Oktober 2024 (BGBl. I 2024 Nr. 323).

Rechtsakte und Verlautbarungen der Europäischen Union

Charta der Grundrechte der Europäischen Union (2016/C 202/02), Abl. EU C 202, S. 389–405.

Richtlinie (EU) 2022/2555 des Europäischen Parlaments und des Rates vom 14. Dezember 2022 über Maßnahmen für ein hohes gemeinsames Cybersicherheitsniveau in der Union, zur Änderung der Verordnung (EU) Nr. 910/2014 und der Richtlinie (EU) 2018/1972 sowie zur Aufhebung der Richtlinie (EU) 2016/1148 (NIS-2-Richtlinie), Abl. EU L 333, S. 80–152.

Verordnung (EU) Nr. 651/2014 der Kommission vom 17. Juni 2014 zur Feststellung der Vereinbarkeit bestimmter Gruppen von Beihilfen mit dem Binnenmarkt in Anwendung der Artikel 107 und 108 des Vertrags über die Arbeitsweise der Europäischen Union (Abl. EU L 187 vom 26.06.2014, S. 1, ber. Abl. EU L 283 S. 65).

Verordnung (EU) 2016/679 des Europäischen Parlaments und des Rates vom 27. April 2016 zum Schutz natürlicher Personen bei der Verarbeitung personenbezogener Daten, zum freien Datenverkehr und zur Aufhebung der Richtlinie 95/46/EG (Datenschutz-Grundverordnung), Abl. EU L 119, S. 1; ber. L 314, S. 72; 2018 L 127, S. 2 und 2021 L 74, S. 35.

Verordnung (EU) 2024/1689 des Europäischen Parlaments und des Rates vom 13. Juni 2024 zur Festlegung harmonisierter Vorschriften für künstliche Intelligenz und zur Änderung der Verordnungen (EG) Nr. 300/2008, (EU) Nr. 167/2013, (EU) Nr. 168/2013, (EU) 2018/858, (EU) 2018/1139 und (EU) 2019/2144 sowie der Richtlinien 2014/90/EU, (EU) 2016/797 und (EU) 2020/1828 (Verordnung über künstliche Intelligenz), Abl. EU Reihe L v. 12.07.2024, S. 1–144.

Bundestagsdrucksachen

Drucksache 18/7457 vom 03.02.2016, Gesetzentwurf der Bundesregierung, Entwurf eines Gesetzes zur Modernisierung des Besteuerungsverfahrens.

Drucksache 20/4376 vom 09.11.2022, Beschlussempfehlung und Bericht des Finanzausschusses (7. Ausschuss) zu dem Gesetzentwurf der Bundesregierung – Drucksachen 20/3436, 20/4228, Entwurf eines Gesetzes zur Umsetzung der Richtlinie (EU) 2021/514 des Rates vom 22. März 2021 zur Änderung der Richtlinie 2011/16/EU über die Zusammenarbeit der Verwaltungsbehörden im Bereich der Besteuerung und zur Modernisierung des Steuerverfahrensrechts.

Drucksache 20/3436 vom 19.09.2022, Gesetzentwurf der Bundesregierung Entwurf eines Gesetzes zur Umsetzung der Richtlinie (EU) 2021/514 des Rates vom 22. März 2021 zur Änderung der Richtlinie 2011/16/EU über die Zusammenarbeit der Verwaltungsbehörden im Bereich der Besteuerung und zur Modernisierung des Steuerverfahrensrechts.

Entscheidungen oberster Gerichte

E.1. Bundesfinanzhof

BFH v. 16.01.1964	V 94/61 U	BStBl. III 1964, S. 149–150.
BFH v. 17.04.1969	V R 21/66	BStBl. II 1969, S. 474.
BFH v. 11.07.1978	VIII R 120/75	BStBl. II 1979, S. 57–58.
BFH v. 13.11.1985	II R 208/82	BStBl. II 1986, S. 241–243.
BFH v. 06.09.2006	XI R 26/04	DStR 2006, S. 2019–2028.
BFH v. 25.09.2013	XI R 41/12	BStBl. II 2014, S. 135–139.
BFH v. 12.06.2019	X R 20/17	BStBl. II 2020, S. 3–11.
BFH v. 30.06.2023	V B 13/22	DStR 2023, S. 1600–1604.
BFH v. 18.08.2024	IX B 104/22	BeckRS 2023, 27266.
BFH v. 19.10.2023	IV R 13/22	DStR 2024, S. 418–431.
BFH v. 07.06.2024	VIII B 113/23 (AdV)	DStR 2024, S. 1476–1483.
BFH v. 21.08.2024	II R 43/22	DStR 2024, S. 2812–2817.

E.2. Bundesverfassungsgericht

BVerfG v. 24.01.1962	1 BvR 232/60	NJW 1962, S. 442–443.
BVerfG v. 18.10.1966	2 BvR 386/63, 2 BvR 478/63	NJW 1967, S. 291–293.
BVerfG v. 23.04.1974	1 BvR 6/74, 1 BvR 2270/73	NJW 1974, S. 1499–1502.
BVerfG v. 08.06.1977	2 BvR 499/74, 2 BvR 1042/75	BVerfGE 45, S. 142–186.
BVerfG v. 22.05.1979	1 BvL 9/75	BVerfGE 51, S. 193–222.
BVerfG v. 19.06.1985	1 BvL 57/79	BVerfGE 70, S. 191–214.
BVerfG v. 08.10.1985	1 BvL 17/83, 1 BvL 19/83	BVerfGE 70, S. 278–288.
BVerfG v. 08.03.1988	1 BvR 1092/84	BVerfGE 78, S. 58–77.
BVerfG v. 30.11.1988	1 BvR 1301/84	BVerfGE 79, S. 174–202.
BVerfG v. 18.05.1988	2 BvR 579/84	BVerfGE 78, S. 205–214.
BVerfG v. 09.01.1991	1 BvR 929/89	BVerfGE 83, S. 201–216.
BVerfG v. 29.05.1990	1 BvL 20/84, 1 BvL 26/84, 1 BvL 4/86	BStBl. II 1990, S. 653–664.
BVerfG v. 27.06.1991	2 BvR 1493/89	BVerfGE 84, S. 239–285.

BVerfG v. 26.05.1993	1 BvR 208/93	BVerfGE 89, S. 1–14.
BVerfG v. 07.11.1995	2 BvR 413/88, 2 BvR 1300/93	NVwZ 1996, S. 469–473.
BVerfG v. 10.04.1997	2 BvL 77/92	NJW 1997, S. 2101–2102.
BVerfG v. 10.11.1998	2 BvR 1057–91, 2 BvR 1226–91, 2 BvR 980–91	NJW 1999, S. 557–561.
BVerfG v. 11.11.1999	2 BvF 2/98, 2 BvF 3/98, 2 BvF 1/99, 2 BvF 2/99	NJW 2000, S. 1097–1104.
BVerfG v. 07.12.1999	2 BvR 301/98	BStBl. II 2000, S. 162–167.
BVerfG v. 07.11.2006	1 BvL 10/02	NJW 2007, S. 573–586.
BVerfG v. 07.05.2001	2 BvK 1/00	NVwZ-RR 2002, S. 81–92.
BVerfG v. 13.06.2007	1 BvR 1550/03, 1 BvR 2357/04, 1 BvR 603/05	NJW 2007, S. 2464–2473.
BVerfG v. 12.04.2005	2 BvR 581/01	NJW 2005, S. 1338–1341.
BVerfG v. 07.07.2010	2 BvL 14/02, 2 BvL 2/04, 2 BvL 13/05	BVerfGE 127, S. 1–31.
BVerfG v. 07.05.2013	2 BvR 909/06, 2 BvR 1981/06, 2 BvR 288/07	NJW 2013, S. 2257–2267.
BVerfG v. 15.01.2014	1 BvR 1656/09	DStR 2014, S. 420–426.
BVerfG v. 17.12.2014	1 BvL 21/12	NJW 2015, S. 303–328.
BVerfG v. 23.06.2015	1 BvL 13/11	DStR 2015, S. 1678–1689.
BVerfG v. 29.03.2017	2 BvL 6/11	BStBl. II 2017, S. 1082–1103.
BVerfG v. 19.11.2019	2 BvL 22/14, 2 BvL 23/14, 2 BvL 24/14, 2 BvL 25/14, 2 BvL 26/14, 2 BvL 27/14	DStR 2020, S. 93–104.
BVerfG v. 14.01.2020	2 BvR 2055/16	NVwZ 2020, S. 1584–1597.
BVerfG v. 24.03.2021	1 BvR 2656/18, 1 BvR 78/20, 1 BvR 96/20, 1 BvR 288/20	NJW 2021, S. 1723–1751.
BVerfG v. 08.07.2021	1 BvR 2237/14, 1 BvR 2422/17	DStR 2021, S. 1934–1951.

BVerfG v. 06.10.2021	9 C 10/20	NVwZ 2022, S. 483–487.
BVerfG v. 08.12.2021	2 BvL 1/13	DStR 2022, S. 19–25.
BVerfG v. 22.03.2022	1 BvR 2868/15, 1 BvR 2886/15, 1 BvR 2887/15, 1 BvR 354/16	NVwZ 2022, S. 1038–1048.
BVerfG v. 29.04.2022	1 BvL 2/17, 1 BvL 3/17, 1 BvL 4/17, 1 BvL 5/17, 1 BvL 6/17	NZM 2022, S. 604–608.
BVerfG v. 07.12.2022	2 BvR 988/16	NJW 2023, S. 1935–1946.
BVerfG v. 14.12.2022	2 BvL 7/13, 2 BvL 18/14	NJW 2023, S. 1947–1956.
BVerfG v. 06.01.2023	2 BvR 364/12	NJW 2023, S. 1715–1717.
BVerfG v. 28.11.2023	2 BvL 8/13	DStR 2024, S. 155–171.
BVerfG v. 15.01.2024	1 BvR 1615/23	NJW 2024, S. 891–893.

E.3. Bundesverwaltungsgericht

BVerwG v. 24.07.2014	4 B 34.14	BauR 2014, S. 1923.
BVerwG v. 06.10.2021	9 C 10/20	NVwZ 2022, S. 483–487.

E.4. Europäischer Gerichtshof

12.09.2006	C-196/04	*Cadbury-Schweppes*	EuZW 2006, S. 633–638.
22.11.2022	C-37/20, C-601/20	*WM u. a. / Luxembourg Business Registers*	ESG 2022, S. 306–318.

E.5. Finanzgerichte

FG Hamburg v. 11.03.2011	3 V 15/11	BeckRS 2011, 95343.
FG Hamburg v. 22.05.2014	3 K 207/13	BeckRS 2014, 95453.

Verwaltungsanweisungen und Verwaltungsvorschriften

F.1. Erlasse

Anwendungserlass zur AO 2014 (AEAO) vom 31.01.2014 (BStBl. I 2014, S. 290), zuletzt geändert durch BMF-Schreiben v. 10.12.2024.

BMF, Schreiben vom 02.02.2023 – IV B 6 – S 1316/21/10019 :025, Anwendungserlass zum Plattformen-Steuertransparenzgesetz (PStTG), BStBl. I 2023, S. 241.

BMF, Schreiben vom 15.11.2023 – IV B 6 – S 1316/21/10019 :034, Plattformen-Steuertransparenzgesetz; Bekanntgabe des amtlich vorgeschriebenen Datensatzes und der amtlich bestimmten Schnittstelle für Meldungen an das Bundeszentralamt für Steuern, BStBl. I 2023, S. 1918.

BMF, Schreiben vom 19.06.2024 – IV D 3 – S 1316/21/10019 :025, Gesetz über die Meldepflicht und den automatischen Austausch von Informationen meldender Plattformbetreiber in Steuersachen (Plattformen-Steuertransparenzgesetz – PStTG); Anwendung des § 6 Abs. 3 PStTG, BStBl. I 2024, S. 1040.

F.2. Geschäftsordnungen

Gemeinsame Geschäftsordnung der Bundesministerien, zuletzt geändert durch Art. 1 des Beschlusses vom 15.05.2024 (GMBl 2024 Nr. 19, S. 386).